SONIA K. WOODS

HEXEN WISSEN UND WEISSE MAGIE

Wie du dein Leben positiv verwandelst

INHALT

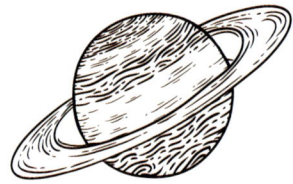

Spüre die mächtigen Wesen der Natur 122

Magische Hexenküche 156

WAGE DEN ERSTEN SCHRITT

Ein Streichholz zischt über die raue Oberfläche der kleinen Packung. Funken sprühen genauso schnell, wie sie verlöschen, und eine Flamme erleuchtet sanft die Dunkelheit. Du entzündest einige Kerzen und pustest das brennende Streichholz aus. Der Rauch schwebt im flackernden Licht des Feuers, formt wabernde Bilder. Nach einem langen Tag wolltest du nur ein paar Duftkerzen entzünden, aber jetzt zieht dich die rohe Kraft der Elemente in ihren Bann, ruft und lockt dich. »Was wäre, wenn Magie wirklich wäre?«, fragst du dich.

Wenn du dieses Buch in Händen hältst, sehnst du dich wahrscheinlich nach einer Möglichkeit, dein Leben positiv durch weiße Magie zu verändern. »Magie«, »Hexerei« – diese geheimnisumwitterten Wörter klingen nach Macht, nach Wunscherfüllung, nach allem, wonach du dich immer gesehnt hast. Sie beschwören eine Urgewalt herauf, die in uns allen schlummert, etwas, das uns zieht und drängt. Wir sind Geist – Geist, der den Willen manifestiert. Das ist die Essenz der Magie. Und es sind nicht nur die großen Hexen und Magier, die über diese Macht verfügen, sondern jeder einzelne Mensch. In diesem Buch wirst du erfahren, wie du zu deiner eigenen magischen Macht gelangen kannst. Und der Weg dorthin führt nicht weit in die Ferne. Nein, er führt zuallererst zurück zu dir und tief in dich hinein. Um zu verstehen, wie Magie funktioniert und wie du sie einsetzen kannst, musst du zunächst verstehen, wie dein Geist arbeitet. Hier findest du alle Geheimnisse des Universums. Eins dieser Geheimnisse spricht von der Verbindung und Einheit von allem, was ist und nicht ist. Nur durch diese Einheit ist Magie, ist die gezielte Beeinflussung deiner Realität möglich. Erst nachdem du gelernt hast, dich mit dir selbst zu verbinden, kannst du dich mit den Kräften des Kosmos und der Natur verbinden. Durch magische Zutaten, Werkzeuge und Utensilien erhältst du Zugang zu diesen Kräften und kannst sie in Zaubern und Ritualen einsetzen. Du wirst lernen, mit anderen Geistwesen, mit dem Bewusstsein der Wesen dieser Erde – Pflanzen, Tiere, Verstorbene – in Kontakt zu treten und ihre Weisheit und Energie für deine Intentionen zu nutzen. Um den alten Weg der Hexen zu gehen, wirst du **Offenheit** und **Liebe** brauchen. Offenheit, um die Kräfte deines Geistes fließen zu lassen, und Liebe zu dir und deiner Umwelt, um die Resultate zum höchsten Wohl aller zu manifestieren. Du solltest außerdem hin und wieder die Möglichkeit besitzen, in **Stille** alleine zu sein. Stille eröffnet dir den Zugang zu deiner **Intuition**, die nötig für jede Art von magischer Arbeit ist. Du wirst für die Magie deine **Vorstellungskraft** benötigen. **Visualisierungen**, also die willentliche bildliche Vorstellung deiner Ziele und Wünsche, sind der erste Schritt zu ihrer Manifestation, denn die Macht der Bilder verbindet Geist und Materie. Begib dich so oft wie möglich in die **Natur**. Je öfter du in Kontakt mit den Elementen, mit Erde, Wasser, frischer Luft und Sonnenlicht, stehst, desto müheloser fließt die Einheit des Göttlichen in dein Leben.

Und zu guter Letzt wirst du für deinen Weg ein sogenanntes **Buch der Schatten**, ein Notizbuch, benötigen, in dem du die Einsichten, Erfahrungen und Fortschritte deiner Hexenkunst festhältst. Nun aber wage den ersten Schritt – zu dir, zum Kosmos und zur Magie selbst.

Entdecke die Macht
deines Geistes

GEIST, MATERIE UND DIE KRAFT
DER MAGIE

imm dir einen Moment Zeit und betrachte dein Leben. Wo stehst du zurzeit? Was hast du im Laufe der Jahre erreicht und was nicht? Woraus bestanden die größten Umbrüche? Wo hast du dein Leben grundlegend verändert? Wähle eins dieser Ereignisse und betrachte, was zu diesen Veränderungen geführt hat. Vielleicht hast du dich dazu entschlossen, dich beruflich umzuorientieren, eine langjährige Beziehung aufzugeben oder dich endlich für deine Spiritualität zu öffnen. In all diesen Fällen hast du dich wahrscheinlich lange Zeit zuvor mit diesen Gedanken beschäftigt. Du hast dich mit ihnen auseinandergesetzt, hast dir die neuen Situationen bildlich ausgemalt, dich in sie hineingefühlt und durch deine Vorstellungskraft ausgelebt, bis sie sich immer mehr verfestigt und schließlich in deiner endgültigen Entscheidung, deiner **Intention,** zur Veränderung **manifestiert** haben. Was zuvor ausschließlich Gedanken deines Bewusstseins waren, hast du Schritt für Schritt in deine Realität umgewandelt.

Dein Bewusstsein sitzt an der Schaltstelle zwischen Geist und Materie. Es ist aufs Engste mit den neurologischen Vorgängen im Gehirn verbunden, so eng, dass es manchmal als seine elektrischen Signale selbst fehlinterpretiert wird. Die Wahrheit ist jedoch, dass das Bewusstsein auch wissenschaftlich betrachtet rein geistiger Natur ist. Es kann nicht untersucht werden, weil es die geistige Interpretation der elektrischen Signale ist, so wie die Bedeutung eines Wortes die geistige Interpretation von Linien und Punkten und nicht in den Buchstaben selbst zu finden ist. Im Gehirn wird Geist in Materie umgewandelt. Und so kommt es, dass du jede einzelne Sekunde deine Realität neu erschaffst. Sie wird zu einem Abbild deines Bewusstseins, wie ein Negativabdruck. Jeder Wunsch, jede Intention ist Geist, der manifestiert werden kann. Und Wünsche, die wahr werden, nennt man – Magie. Nun würde niemand auf die Idee kommen, die Umsetzung der Intention »Ich stehe jetzt aus meinem Bett auf« als Magie zu bezeichnen. Das, was man mit Magie oder Hexerei meint, ist die Manifestation einer Intention ohne direkten physischen, zeitlichen oder räumlichen Einfluss auf eine Situation. Magie passiert also zum größten Teil auf der Ebene des Geistes. Man schickt einen Wunsch »hinauf«, woraus auch immer dieses »Oben« genau besteht, dort wird er verarbeitet und manifestiert sich wie durch Zauberhand im »Unten«, in der Realität. Tatsächlich bist du im Alltag in der Lage, Informationen über dein Bewusstsein zu senden. Das geschieht z. B. durch Sprache und andere Formen der Kommunikation. In der Magie geschieht das Senden der magischen Intentionen durch spezielle Geistestechniken, durch die du Zugang zu dem »Oben«, zu der Geistebene, erhältst. Du bist ein Kanal zwischen den Welten, der Informationen von beiden Seiten in beide Richtungen transformiert – richtig, in beide Richtungen. Hier taucht ein Problem auf. Wenn deine Realität Spiegelbild deines Geistes ist, dann spiegelt sie zwingend auch alles Negative in deinem Geist wider. Du hast einige Jahre auf dieser Erde verbracht, wer weiß, vielleicht sogar ganze frühere Leben. Dabei kommst du nicht darum herum, Negatives und Schmerzhaftes zu erleben, das dich prägt. Es sind Eindrücke von außen, materielle Sinnesreize, die du aufnimmst und sie in Bewusstsein transformierst. Sie formen automatisch dein Inneres. Deine Beziehung zu deinen Eltern und deine Erfahrungen in der Kindheit werden ganze Teile deiner Persönlichkeit ausmachen – deine Fähigkeit, zu kommunizieren, Konflikte zu lösen, Beziehungen einzugehen, Geld zu verdienen und vieles mehr. Auch wenn es lange her scheint, ist all das immer noch wie ein Programm in deinem Geist gespeichert und beeinflusst deine Realität. Deine alltäglichen Entscheidungen, egal wie klein oder groß, sind nie nur einfache Entscheidungen. An ihnen hängt ein Leben voller Formungen. Jetzt aber kommt die Magie ins Spiel. Magie soll dir das schenken, was du bisher nicht aus eigener Kraft erreichen konntest. Um etwas Wirklichkeit werden zu lassen, muss diese Wirklichkeit jedoch zuallererst in deinem Geist gelebt werden – und das mit allen zugehörigen Gedanken, Gefühlen und Einstellungen. Nur so kann sie sich in deiner Realität spiegeln. Genau das ist das Arbeitsfeld der Magie.

Hexen sind Menschen, die die Geheimnisse des Geistes und der Materie kennen und wissen, wie sie sie einsetzen können. So ist das **moderne Hexentum** keine Religion mit festen Glaubensinhalten, sondern eine Ausprägung der eigenen Spiritualität. Während vor allem die organisierten Religionen die Hoffnung einzig auf die Hilfe und Errettung durch eine höhere Macht legen, findet eine Hexe alle Kraft, die

sie braucht, in sich selbst. Der Kontakt zur **Geistwelt**, der Gesamtheit all ihrer Wesenheiten, wie Gottheiten, Geistführer, Krafttiere etc., stellt in der Magie eher einen Austausch dieser Kräfte als blinde Verehrung dar. Die meisten Hochkulturen der Antike kannten eine Kombination aus Religion und Magie. Von den Sumerern beispielsweise sind Schriften von 2600 v. Chr. bekannt, die von Liebes- und Schutzzaubern berichten. Gleichzeitig kannten sie ein ganzes Götter-Pantheon, in dem viele Gottheiten über die Magie selbst wachten. Der Mensch wurde als Erschaffer seiner Realität anerkannt, der im Kontakt mit den Mächten der Natur und des Universums steht. Diese magische Weltanschauung, die bis zu den Anfängen der Weltgeschichte zurückreicht, wird auch der **alte Weg** genannt. Mit dem Aufkommen des Christentums in Europa, dem »neuen Weg«, geriet er weitestgehend in Vergessenheit, denn hier ging Macht ausschließlich von einem Schöpfergott aus, der von seiner Schöpfung und damit dem Menschen getrennt ist. Heutzutage folgen viele einem noch neueren Weg – dem Materialismus, der nur das Stoffliche anerkennt und die Existenz von Geist verneint. Doch allmählich erinnern sich die Menschen wieder an ihr wahres Potenzial. Durch Magie nehmen moderne Hexen Kontakt mit ihrer eigenen Kraft, der Kraft der Natur und des Kosmos auf und erschaffen ihre Wirklichkeit so selbst.

Wie kannst du nun den ersten Schritt auf dem alten Weg der Magie gehen? Die Antwort lautet: Werde dir zunächst der Macht des eigenen Geistes bewusst. Es ist das Bewusst-Sein. Du bist die Quelle deiner Realität.

ACHTSAMKEIT IST DER SCHLÜSSEL ZUR MAGIE

Im Alltag solltest du häufiger innehalten und das, was du gerade tust, ganz bewusst wahrnehmen. Vieles tun wir ganz nebenbei, fast schon automatisch. Versuche, achtsamer zu werden, alle Gedanken an andere Dinge auszuschalten und dich nur auf eine Sache zu konzentrieren. Durch diese Schärfung deines Bewusstseins, des bewussten Wahrnehmens, wird deine Fähigkeit gestärkt, deine Realität aktiv zu formen. Du wirst deinen Einfluss auf deine Wirklichkeit besser verstehen. Unwichtige Ablenkungen werden mehr und mehr wegfallen, und du wirst deine Entscheidungen mit mehr Souveränität treffen.

Halte deine wichtigen Entscheidungen regelmäßig zum Beispiel in einem Tagebuch fest. Gleiche sie mit deinen Lebenszielen ab. Bist du ihnen durch deine Entscheidungen nähergekommen oder hast du dich durch sie entfernt? Über die Zeit wirst du mehr und mehr beobachten können, wie sehr sich dein Leben durch deinen Geist formt.

Bewusste Aktivierung

Möchtest du dein Leben von nun an ganz bewusst in die Hand nehmen, kannst du folgende Meditation nutzen, um dir selbst offiziell die Erlaubnis dazu zu geben, die volle Kraft deines Geistes zu aktivieren. Mithilfe solch eines festen Zeitpunktes wird es dir leichterfallen, den alten Weg der Hexen zu beschreiten.

Komme zur Ruhe, indem du deine Augen schließt und dich zehn Atemzüge lang auf deinen Atem konzentrierst und deinen Körper nach und nach entspannst. Wenn du dich ruhig und klar fühlst, spüre in dich hinein. Fühle den Geist in deinem Körper. Kannst du seine Form empfinden? Wo fühlst du ihn besonders stark und wo etwas schwächer? Wo ragt er aus deinem Körper hinaus und wo ist er in ihn hineingezogen? Nimm dir genügend Zeit für diesen Schritt. Wenn du eine Vorstellung bekommen hast, visualisiere, wie dein Geist immer stärker anfängt zu strahlen. Spüre, wie sein Licht, wie seine Strahlen deine materielle Realität berühren und beeinflussen, wie er alles erschafft und formt. Werde dir deiner Macht bewusst.

Dann wiederhole folgenden Zauberspruch:

Ich trete in meine Berufung ein,
mit der Macht meines Geistes,
mit der Macht meines Seins.

Heute und hier nehme ich ihn ein,
den Platz, den ich bestimme,
so soll es sein!

Höre, wie sich deine Worte ausbreiten und die Atmosphäre in Schwingung versetzen. Fühle, wie dein Geist auf sie reagiert. Dein erster Schritt als Hexe ist getan. Du bist dir deiner Macht bewusst geworden und hast die Verantwortung für dein Leben übernommen. Danke dir, strecke dich und öffne deine Augen.

WEIHE DEIN BUCH DER SCHATTEN

Hast du ein Notizbuch gefunden, das du als **Buch der Schatten** nutzen möchtest, ist es hilfreich, es zu weihen, genauso wie du dich durch die Meditation dem alten Weg geweiht hast. Das folgende Ritual bietet einige Vorschläge, jedoch kannst du auch eine persönliche Methode nutzen. Es geht darum, das Notizbuch mit deiner Energie zu füllen und zu prägen.

Was du dafür brauchst:

- dein Notizbuch
- einen Zettel
- einen Stift
- ggf. farbige Stifte
- ein Haar
- eine weiße Kerze

Entzünde die Kerze und komme beim Anblick der Flamme zur Ruhe. Achte auf deinen Atem und entspanne deinen Körper. Wenn du dich bereit fühlst, nimm Stift und Zettel und entwirf intuitiv ein Symbol, das für dich steht. Das kann z. B. aus deinen Initialen bestehen, aus deinem Sternzeichen oder etwas anderem, mit dem du dich stark identifizierst. Es sollte jedoch von der Höhe und Breite etwa gleich groß sein, sodass du einen Kreis um es ziehen kannst. Zeichne dein Symbol in die vier Ecken der ersten Seite deines Notizbuches. Sie steht für das gesamte Buch, du kannst das Symbol aber auch in die vier Ecken jeder weiteren Seite zeichnen, wenn du das möchtest.

Gestalte die erste Seite weiter, z. B. mit farbigen Stiften, mit einem Titel, deinem vollständigen Namen, vielleicht einem Zitat oder Gedicht, das dir am Herzen liegt und einen Bezug zu deinem Gefühl der Magie besitzt. Achte darauf, in der unteren Hälfte der Seite mittig etwas Platz zu lassen. Hier wirst du das Buch mit Kerzenwachs siegeln, womit es endgültig deine Energie tragen wird. Möchtest du noch mehr deiner eigenen Energie mit dem Buch verbinden, kannst du ein kleines Stück eines Haares auf die Stelle geben. Dann lasse etwas Wachs darauftröpfeln. Warte, bis es abgekühlt, aber noch formbar ist. Dann lecke einen

Finger deiner Wahl mit genügend Speichel an – einem weiteren Träger deiner persönlichen Energie – und drücke ihn in das Wachs. Halte ihn gedrückt und sprich folgenden Zauberspruch:

Dem magischen Weg weihe ich dich,
trage meine Schatten und trage mein Licht.

Stelle dir vor, wie deine Energie durch deinen Finger in das Buch fließt und es aktiviert. Danke und sprich zum Abschluss die Worte: »So sei es!«. Komme danach in dein Alltagsbewusstsein zurück. Achte darauf, dass niemand anderes mit deinem Buch der Schatten in Berührung kommt, damit seine geistige Prägung nicht verfälscht wird.

DER BAUM DES LEBENS –
EINE LANDKARTE DER WIRKLICHKEIT

Die Psychologie und Neurobiologie versuchen schon lange herauszu-finden, woraus genau der menschliche Geist besteht und wie er funk-tioniert. Schließlich ist es keine esoterische Erkenntnis, sondern eine rein wissenschaftliche, dass es das Bewusstsein ist, das die eigene Rea-lität erschafft. Jeder Mensch nimmt seine Umwelt immer etwas anders wahr als ein anderer. Das liegt einerseits an der individuellen Physio-logie – jeder Körper mit seinen Sinnesorganen und seinem Gehirn un-terscheidet sich von allen anderen Körpern – und andererseits an den unterschiedlichen Erfahrungen, die jeder Mensch sammelt und die den Filter formen, durch den er seine Umwelt wahrnimmt.

Nun ist Magie keine Wissenschaft, und dieses Buch erhebt auch nicht den Anspruch, wissenschaftlich begründet zu sein. Trotzdem fin-den wir in der Tradition der Hexen eine Weisheit, die sich auf der Jahr-tausende alten Beobachtung des menschlichen Geistes, seines Aufbaus, seinen Funktionen und auf der experimentellen Praxis von Zaubern und Ritualen gründet.

Um die Realität durch das eigene Bewusstsein beeinflussen zu kön-nen, muss man verstehen, woraus es besteht und wie es funktioniert. Dabei sollte man berücksichtigen, dass der menschliche Geist natürlich nicht in unterschiedliche Teile zerlegt werden kann. Etwas, das nicht-materieller Natur ist, kann keine Einzelteile besitzen. Es stellt immer eine Einheit dar. Trotzdem gibt es einige spezielle Eigenschaften, die sich durch die Geschichte der Hexerei ziehen und immer wiederauftauchen, weswegen man davon ausgehen kann, dass der Einsatz erprobt wurde und erfolgreich war. Ein Bild, das dabei durch die Jahrtausende der Menschheitsgeschichte überall auf der Welt wiederholt auftaucht, ist das Bild des **Lebensbaums.** Er wird meist als Darstellung der unterschiedlichen mythologischen Sphären (die Unterwelt als Sitz von dunklen Kreaturen, die Erde als Wohnort des Menschen und der Himmel als Sitz der Götter) interpretiert. Er besitzt jedoch eine umfassendere Bedeutung. Er stellt sowohl die Sphären der gesamten Wirklichkeit wie auch die Sphären der einzelnen Teile dieser Wirklichkeit dar, darunter auch die des Menschen als eigene Einheit.

DER KÖRPER

Die erste Sphäre des Lebensbaums ist eigentlich keine eigene Sphäre, sondern durchzieht den Baum auf jeder Ebene. Es ist die Materie, die in Wurzeln, Stamm und Krone reicht – im Fall des Menschen sein Körper. Der Körper ist Ausformung des gesamten Geistes und seiner Teile. Er steht mit allen geistigen Sphären in Kontakt. Das wird deutlich, wenn man betrachtet, wie Körper und Geist interagieren. Der Geist braucht den Körper und seine Sinnesorgane, um die physischen Partikel und Wellen aus Licht, Schall, Druck usw. aufzunehmen, in elektrische Reize umzuwandeln und an das Gehirn weiterzuleiten. All das ist körperlicher Natur. Im Gehirn findet dann die Umwandlung in ein geistiges Erleben der elektrischen Signale – das Bewusstsein – statt. Geist braucht den Körper, um nicht nur die Außenwelt, sondern auch sich selbst zu erleben. Es ist eine Bewegung von außen nach innen. Aber auch andersherum, in einer Bewegung von innen nach außen, braucht der Geist den Körper, um aktiv zu agieren. Eine geistige Intention wird in elektrische Signale umgewandelt und an die Muskeln weitergeleitet. Der Körper bewegt sich und setzt die Intention um.

Der Körper empfängt Informationen also sowohl aus der physischen Umgebung als auch aus dem Geist und setzt sie um.
In spirituellen Kreisen wird das Augenmerk gerne auf den Geist gelegt, dabei ist der Körper Dreh- und Angelpunkt der erlebten Realität. Hier fließt alles in einem ständigen Kreislauf aus Energie ineinander – von Geist zu Materie und von Materie zu Geist. Diese enge Verknüpfung ist das stärkste Indiz dafür, dass sie eins sind. Der Körper ist verfestigter Geist und der Geist vergeistigter Körper.

Für die Praxis der Hexenkunst stellt die Arbeit mit dem Körper die absolute Grundlage dar. Den Körper zu beherrschen, bedeutet, den Geist zu beherrschen. Oft ist es so, dass Menschen unbewusst angespannt sind und unter Stress stehen. In diesem Zustand sind ihr Puls, ihr Blutdruck und ihre Atemfrequenz erhöht. Dieser Alarmzustand führt dazu, dass sie hochgradig aufmerksam sind, um auf jede plötzlich erscheinende Gefahr reagieren zu können. Es ist ein evolutionärer Überlebensmechanismus. Heutzutage jedoch wird Stress häufig chronisch. Ständig auf äußere Gefahren zu achten, raubt dir nicht nur über längere Zeit Energie, sondern richtet deine Gedanken ausschließlich auf äußere Umstände. Ein gedanklicher Teufelskreis entsteht. Du reagierst nur noch, statt bewusst und gezielt zu agieren und dein Leben selbst in die Hand zu nehmen. Als Praktik der Realitätsformung ist ein entspannter körperlicher Zustand in der Hexenkunst also Voraussetzung für jede Art von Geistarbeit, Meditation und Ritualen. Den Körper zu entspannen, heißt, den Geist zu entspannen. Auch hier erkennt man wieder ihre Einheit. Durch bewusst ausgeführte Techniken ist es möglich, Körperfunktionen zu beeinflussen, die eigentlich automatisch reguliert werden. Durch die körperliche Entspannung entsteht eine geistige Entspannung – eine Rückkopplung.

Beeinflusse deinen Körper

Über fünfzig Prozent der Vorgänge im menschlichen Gehirn sind für die Analyse und Auswertung von visuellen Reizen zuständig. Diese durch einfaches Augenschließen auszublenden, wird dir helfen, zur Ruhe zu kommen und dich auf deine geistigen Intentionen zu konzentrieren. Fünf Minuten reichen dazu aus.

Den Atem fließen lassen

Als *die* grundlegende Lebensfunktion entspannt dich bewusstes Atmen und hilft, deinen Geist zu klären. Es verlangsamt deinen Herzschlag, senkt deinen Blutdruck und versorgt dein Gehirn optimal mit Sauerstoff. Richte deinen Oberkörper dazu auf und atme tief in deinen Bauch hinein, sodass sich dein Zwerchfell nach unten drückt und sich deine Bauchdecke vorwölbt. Diese Art der Atmung nennt sich »Vollatmung«, weil so das gesamte Volumen der Lungenflügel genutzt wird. Da das Atmen normalerweise automatisch stattfindet, wird sich deine

Aufmerksamkeit schnell wieder davon abwenden, wenn du sie nicht gezielt dortbehältst. Um das zu erreichen, kannst du die Atemzüge bewusst mitzählen. Ein- und Ausatmen stellen dabei zusammen eine Einheit dar. Schließe deine Augen und zähle mindestens bis zehn mit. Alleine dadurch wirst du eine merkliche Entspannung erreichen.

Sei dir deines Körpers bewusst!

Nimm einige Male am Tag bewusst eine entspannte Körperhaltung ein. Das kann im Stehen, Sitzen oder im Liegen geschehen. Wichtig ist, dass du dich tief in deinen Körper hineinfühlst und alle für die Haltung nicht notwendigen Muskelgruppen nacheinander bewusst entspannst. Schließe deine Augen. Du kannst dich zuerst auf deine Füße konzentrieren und deine Aufmerksamkeit dann über die Beine hochwandern lassen oder andersherum – du beginnst am Kopf und den Schultern und lässt deine Aufmerksamkeit hinunterwandern. Achte darauf, dass du die Muskelentspannung der einzelnen Teile auf jedes Ausatmen abstimmst. So verbindest du Atemübung und Körperentspannung, was zu noch tieferer Ruhe und Fokussierung des Geistes führt.

DAS UNBEWUSSTE

Die unterirdischen Wurzeln des Lebensbaums stellen seine untere Sphäre dar. Sie liegen im Dunkeln, nehmen Nährstoffe aus der Umgebung auf und leiten sie hinauf in den Stamm und die Baumkrone. Nur wenn die Wurzeln gesund sind, kann der Baum gedeihen. Der Baum ist direktes Abbild des Zustands seiner Wurzeln. Auf den Menschen übertragen stellt das **Unbewusste** die Wurzeln dar. Alles, was wir bewusst erleben, findet im Wachzustand statt, in dem eine erhöhte Aktivität des Gehirns beobachtbar ist. Es sind all die Eindrücke über die Sinnesorgane, insbesondere der Augen, und die reflektierten Gedankengänge, die man in gedachte Sprache fasst. Doch nicht alles, was wir im Wachzustand erleben, dringt bis in das Bewusstsein. Sitzt du auf einem Stuhl, denkst du nicht ständig darüber nach, wie es sich anfühlt, auf diesem Stuhl zu sitzen. Trotzdem werden über die Nervenzellen ständig Daten über die Härte, die Sitzhöhe, den Sitzwinkel etc. an das Gehirn weitergeleitet. Der absolute Großteil aller Informationen wird also unbewusst aufgenommen und verarbeitet. Man kann es sich wie ein weites Netzwerk aus unterirdischen Wurzeln vorstellen, aus dem ein relativ kleiner Baumstamm entwächst – das gefühlte »Ich«. Trotzdem ist der Teil, der unter der Erde liegt, ebenfalls Teil des Baums. Das unbewusst Erlebte ist es, das dieses Erleben des »Ichs« erst ermöglicht. Das Unbewusste bringt nur auf seiner Grundlage Bewusstsein hervor. Bewusstsein ist daher immer durch die Qualität des Unbewussten gefärbt.

Wie der Körper empfängt das Unbewusste Informationen und Signale sowohl aus der Umgebung als auch aus dem Bewusstsein und verarbeitet sie.

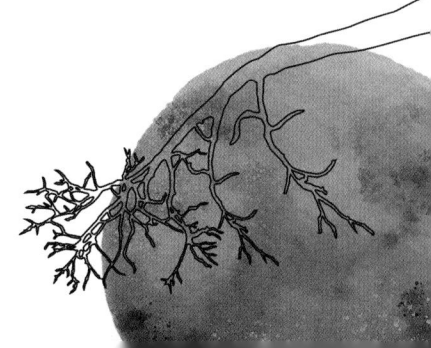

Die Welt des Unbewussten

Das Unbewusste ist die Welt der Gefühle, Triebe und Instinkte, weil diese nicht bewusst gesteuert werden können. Jede Person, die schon einmal versucht hat, die eigenen unerwünschten Gefühle zu kontrollieren oder so zu tun, als ob sie nicht existierten, weiß, dass das ausnahmslos nach hinten losgeht. Gefühle sind spontane, unkontrollierbare Reaktionen und entziehen sich daher dem bewussten Verstand. Das heißt jedoch nicht, dass sie irrational sind und ohne Sinn und Zweck auftauchen, wie sehr emotionalen Menschen oft vorgeworfen wird. Das Gegenteil ist der Fall. Gefühle folgen einer strikten Logik, denn sie sind wie auch die Triebe und Instinkte überlebenswichtig. Kommt man als Kind auf diese Welt, sind es ausschließlich Gefühle und Emotionen, die das eigene Überleben sichern. Die emotionale Bindung an die Eltern, ausgelöst und verstärkt durch den körperlichen Kontakt, stellt die Versorgung des Kindes sicher. Eltern, die Liebe für ihr Kind empfinden, versorgen es entsprechend. In den ersten Lebensjahren formen sich das Urvertrauen und darauf aufbauend der Selbstwert durch die kindlichen Erfahrungen in Beziehung zu den Eltern. »Wie sicher ist die Welt um mich herum?« und »Bin ich es wert, dass mir Gutes passiert?« – diese beiden überlebenswichtigen Fragen werden ständig durch die Behandlung des Kindes emotional beantwortet und formen ein Programm, das sich tief im Unbewussten verankert und oft lebenslang aktiv bleibt. Alle Gefühle sind Reaktionen dieses Programms. Hast du als Kind gefährliche Situationen in deinem Umfeld erlebt, gar Gewalt, wird dir die gesamte Welt auch noch als erwachsener Mensch nicht sicher vorkommen. Du wirst Schwierigkeiten haben, anderen Menschen zu vertrauen und dich bei jedem Anzeichen von Gefahr zurückziehen – selbst wenn diese dich nicht körperlich, sondern nur emotional bedroht. Das ist die einzige logische Reaktion. Diese Programme schreiben deine Realität, nicht nur im Empfinden deines Lebens, sondern auch in deinem bewussten Planen. **Sie beeinflussen es aus den Schatten heraus.** Besagt dein Programm, dass du es nicht wert bist, dass dir Gutes passiert, wirst du Schwierigkeiten haben, Erfolg und Liebe anzunehmen. Wahrscheinlich wirst du noch nicht einmal versuchen, erfolgreich zu sein, und Menschen von dir wegstoßen, weil du dich unbewusst wertlos fühlst. Genau das ist mit der magischen Regel »**Wie innen, so außen**« gemeint. Du wirst deine Realität genauso empfinden, wie du dich fühlst. Ein Baum ist nur so gesund wie seine Wurzeln.

Schattenarbeit

Durch das Auftauchen von Gefühlen erhältst du einen Spiegel und einen Wegweiser, der dich tief in deine Unterwelt leiten kann. Das Schöne an Gefühlen, auch an negativen, ist, dass sie nicht starr sind. Sie sind fließend und formbar. Eine Transformation deines Innen ist immer möglich.

Für Hexen stellt die sogenannte **Schattenarbeit**, die Arbeit mit verdrängten und unbewussten Emotionen, nach der Beherrschung der körperlichen Entspannung eine weitere Grundlage der magischen Praxis dar. Das liegt daran, dass deine unbewussten Gefühle jede Art von Zauber beeinflussen. Du wünschst dir vielleicht neue Freundschaften oder einen besseren Zugang zur Spiritualität und führst ein Ritual durch, deine innere Haltung aber blockiert die Manifestation des Wunsches. Alle Mühe war umsonst. Oder aber dein Wunsch, deine Intention, selbst ist aus dem Gefühl des Nicht-genug-Seins oder Nicht-genug-Habens entstanden. In diesem Fall kann der Zauber nicht wachsen, weil er nicht auf Überfluss gründet, sondern auf Mangel. Den Überfluss, egal welcher Art, zuerst in sich selbst zu spüren und dann durch einen Zauber hinauszuschicken, ist aber Voraussetzung für magische Erfolge. Jeder Zauber braucht einen fruchtbaren Boden, auf dem er wachsen kann, frei von Unkraut, das ihn erstickt. Dieser Boden ist dein Unbewusstes.

Doch wie ihn umformen? All die negativen Emotionen, die du Tag für Tag erlebst, sind nicht einfach nur da, damit du dich schlecht fühlst. Der Schmerz sorgt dafür, dass so viel Druck aufgebaut wird, bis du Heilung suchst. Der erste Schritt ist, diesen Schmerz oder Druck ganz bewusst wahrzunehmen und anzunehmen. Verdränge es nicht, wenn du dich verletzt fühlst oder wenn du wütend wirst. Nimm Schmerz, Wut, Eifersucht, Neid, Hass, Habgier etc. wahr. Sie sind keine Sünden, für die du dich schämen musst. Sie sind dein Weg zu Freiheit und mehr Selbstliebe. Hole sie aus den Schatten heraus. Seziere sie und finde heraus, was es ist, wovon sie sich ernähren. Dann transformiere sie durch Meditation und Selbstliebe.

Anmerkung: Da bei der Schattenarbeit tiefsitzende Traumata zum Vorschein kommen können, kann es zu heftigen emotionalen Reaktionen kommen. Fühlst du dich von ihnen überfordert, ist es ratsam, professionelle Hilfe zu suchen.

Negatives ergründen

Schreibe eine Woche lang jeden Tag einige negative Gefühl auf, die du empfunden hast, und die Situationen, die
sie ausgelöst haben. Dann ordne sie einer Ur-Verletzung
zu, entweder der Verletzung des Selbstwerts oder der Verletzung des Urvertrauens, z. B. so:

GEFÜHL	AUSLÖSER	UR-VERLETZUNG
Wut	Der Kassierer war unfreundlich.	Selbstwert
❖	❖	❖
Neid	Meine Schwester hat eine Reise von meinen Eltern finanziert bekommen.	Selbstwert
❖	❖	❖
Wut	Mein Freund hat gesagt, dass er keine Zeit für mich hat, weil er arbeiten muss.	Urvertrauen
❖	❖	❖
Eifersucht	...	...

Als Nächstes ist es wichtig, die Kern-Gefühle direkt zu betrachten und umzuformen. **Das geschieht durch die Verbindung mit dem Unbewussten, Meditation und Visualisierung.**

Emotionale Heilung

Komme mit bewusstem Atmen und Körperentspannung zur Ruhe. Jetzt erinnere dich an eine der Situationen, die das negative Gefühl ausgelöst hat. Sieh sie so klar wie möglich vor dir. Versetze dich vollkommen hinein und spüre diese Emotionen erneut. Dann versuche, sie in einem Satz zusammenzufassen. Im Falle des Freundes, der keine Zeit für dich hat, könnte solch ein Satz folgendermaßen lauten: »Ich habe Angst, verlassen zu werden.« Jetzt finde einen positiven Ersatz für diesen Satz, z. B.: »Das Universum hält mich sicher« o. Ä. Spüre diese Sicherheit jetzt in dir. Visualisiere sie wie Licht, das dich durchflutet. Atme alle Unsicherheit aus und Urvertrauen tief in dich ein. Breite das Licht aus. Danke dir zum Schluss und komme allmählich zurück in dein Alltagsbewusstsein. Je öfter du das übst, desto mehr wird dein Gehirn dieses neue Programm erlernen und als eine neue Realität umsetzen.

Bilder – Die Sprache der Unterwelt

Das Unbewusste nimmt Eindrücke, Bilder, Klänge, Gerüche, Geschmäcker etc. aus der Umgebung ungefiltert durch den Verstand auf und speichert sie. Es stellt damit eine eigene kleine innere Realität dar. Wie schon erwähnt, sind fünfzig Prozent der Vorgänge im menschlichen Gehirn für die Analyse und Interpretation von visuellen Reizen zuständig. Das macht Bilder zur Hauptsprache des Unbewussten. Das ist der Grund, weswegen Menschen hauptsächlich in Bildern und weniger beispielsweise in Gerüchen oder Geschmäcken träumen. Im Schlaf rückt der bewusste Verstand in den Hintergrund. Das Unbewusste übernimmt die Kontrolle und verarbeitet vor allem die visuellen Eindrücke, die es aufgenommen hat. Hier liegt ein großes Potenzial für die Magie. Denn andersherum ist es möglich, das Unbewusste durch willentlich erschaffene Bilder zu beeinflussen.

Die wichtigste Technik für jede Art von Zauber ist das **Visualisieren**. Dieser Ausdruck deutet auf die Wichtigkeit der Bilder hin, jedoch umfasst er **alle Sinneseindrücke**. Beim Visualisieren sollte nicht nur die Intention im Geiste gesehen, sondern, wenn möglich, auch gehört, gefühlt, geschmeckt und gerochen werden. Dadurch wird es möglich,

vollkommen neue Erfahrungen zu sammeln. Durch das gezielte Vorstellen einer neuen Realität speichert das Unbewusste neue Informationen und setzt sie um. Genau das ist das Arbeitsfeld der Magie – die Macht der Bilder zu nutzen, sowohl im Geist als auch durch physische Symbole in Zaubern und Ritualen.

1. Regelmäßige Meditation

Komme regelmäßig mit einer Atemmeditation und Körperentspannung zur Ruhe. Schließe deine Augen und halte dir vor Augen, was in deinem Leben zurzeit gut und was schlecht läuft. Wo wünschst du dir Veränderung? Jetzt visualisiere deine neue erwünschte Realität. Stelle sie dir mit allen Details und Sinneseindrücken so klar wie möglich vor. Spüre auch, wie du dich mit dieser Veränderung fühlst. Besser? Selbstbewusster? Breite dieses Gefühl zum Schluss in deinem Geist aus und visualisiere, wie dein Körper anfängt zu leuchten. Alleine diese regelmäßige Übung kann schon zu Veränderungen in deinem Leben führen. Sie eignet sich auch für die regelmäßige Schattenarbeit.

2. Visualisieren des Resultats bei einem Zauber

Du wirst lernen, wie du Symbole, Werkzeuge und Zutaten in einem Zauber zum Manifestieren eines Wunsches einsetzen kannst. Dabei solltest du das Ziel des Zaubers vorher und nachher so klar wie möglich mit allen Sinnen visualisieren. Es verbindet und verankert den Zweck des Zaubers mit den physischen Werkzeugen, Zutaten und Symbolen in deinem Unbewussten.

3. Visualisieren von Wirkungen

Zusätzlich zum Visualisieren von Resultaten solltest du lernen, wie du die einzelnen Wirkungen von rituellen Handlungen visualisieren kannst. Im ersten Ritual – dem Weihen deines Buchs der Schatten – hast du schon gesehen, wie das funktioniert. Du wurdest angeleitet, Licht zu visualisieren, das durch deinen Finger in das Buch fließt. Ähnlich kannst du bei allen Vorgängen eines Rituals vorgehen, beispielsweise durch das Visualisieren von Licht, Energie, Wellen o.Ä., je nachdem was du intuitiv am ehesten mit der Wirkung der magischen Handlung assoziierst.

Assoziationen – Alles ist verbunden

Der menschliche Geist bildet eine Einheit. In ihm ist alles verbunden. Und so geschieht auch im Gehirn nichts isoliert. Die Neurowissenschaft kann durch bildgebende Verfahren darstellen, dass ganze Gehirnareale durch nur einen einzigen Reiz aktiviert werden und als neuronale Netzwerke durch die Weiterleitung elektrischer Reize richtiggehend aufleuchten. Das Gehirn funktioniert nur so gut, weil es Informationen in eben diesen hochkomplexen Netzwerken anordnet. Alle Erfahrungen zu einem Reiz werden über die Zeit untereinander verbunden, sodass in nur einem Bruchteil einer Sekunde alle nötigen Informationen abgerufen werden. Das Sehen eines Fotos deiner Mutter wird nicht nur ihre Identifikation als deine Mutter in deinem Gehirn bewirken, sondern auch alle Gefühle, die du durch die Erfahrungen mit ihr gesammelt hast, aktivieren. Ein bestimmtes Parfüm zu riechen, kann dich eine bestimmte Lebensphase in aller emotionalen Komplexität wiedererleben lassen. All das ist nur durch das Entstehen von **Assoziationen** in deinem Gehirn möglich. Diese Assoziationen stellen die Grundlage für die **angewandte Magie**, also das Praktizieren von Zaubern und Ritualen, dar. Gemeinsam mit der Bildsprache des Unbewussten hat die Fähigkeit zum Assoziieren dazu geführt, dass der Mensch intuitiv **Symbole** deuten kann. Ein Symbol ist ein visuelles Zeichen, das eine oder mehrere Bedeutungen trägt. Viele Symbole versteht man sofort, weil die Erfahrung mit ihnen universell ist. Eine Sonne steht für Licht, Wärme, Erkenntnis, Lebenskraft. Ein grüner Baum steht für Gesundheit und Leben. Bei diesen universellen Symbolen spricht man auch von **archetypischen Symbolen**, die den grundlegenden menschlichen Erfahrungen entspringen, z. B. das Erleben von Tageszeiten, von Kindheit, Geburt, Wachstum, Fortpflanzung, Nahrungsaufnahme und Tod. Dann gibt es natürlich auch **kulturell** geprägte Symbole, die nur im Kontext der entsprechenden Kultur gedeutet und verstanden werden können. Dazu gehören beispielsweise das christliche Kreuz, das Pentagramm oder das Peace-Zeichen. Die kulturellen Symbole unterliegen Veränderungen der Zeit. Sie sind also nicht so universell verständlich wie die archetypischen Symbole. Als Letztes kann jeder Mensch auch **persönliche** Symbole haben und gezielt erschaffen, je nachdem welche Erfahrungen er gesammelt hat. In allen Fällen ist ein Bild mit einem oder mehreren geistigen Konzepten verknüpft. Das macht Symbole für die Magie so wichtig. Magie nutzt die Fähigkeit des Unbewussten, die überwältigende Komplexität an Assoziationen in nur einem Bild zu verknüpfen. Nutzt du dieses Bild, aktivierst du die gesamte Bandbreite der geistigen Bedeutung, die in deinem Unbewussten gespeichert ist. Das ist die Macht der Bilder. *Pars pro toto* – lateinisch für »Ein Teil steht für das Ganze« – beschreibt dieses Konzept treffend. Schon im ersten Ritual der Weihe des Buchs der Schatten hast du gesehen, wie einzelne Teile von dir – dein Name, ein Haar, Speichel, dein Fingerabdruck – zu Symbolen geworden sind, die deine gesamte geistige Information in sich tragen. Einzelne Teile bilden also einen **magischen Link**, einen Anker, auf den sich das folgende Ritual durch weitere Symbole und analoge Handlungen mit ihnen bezieht.

Oft ist jedoch etwas mehr nötig, als nur einen magischen Link und ein paar weitere Symbole, die deinen Wunsch abbilden, bereitzustellen. Ich sage »oft«, weil ein einfacher Zauber, bei dem du z. B. Münzen auf ein Foto von dir als Geldzauber legst, tatsächlich auch schon eine Wirkung auf deine Realität haben kann. In diesem Fall dient die räumliche Nähe symbolisch dazu, Geld nah an dich heranzubringen, dir also einen finanziellen Zufluss zu sichern. In den meisten Fällen aber wird ein komplexeres Ritual, das den magischen Link mit den Symbolen verbindet, bessere Ergebnisse hervorbringen. Denn je prägender die neuen Erfahrungen sind, die dein Unbewusstes im Innen durch die Eindrücke des Rituals sammelt, desto eindrücklicher werden die Veränderungen in deinem Außen sein.

Aber wie einzelne Symbole verbinden? Das geschieht einerseits durch Visualisierung und **analoge Handlungen**. Um einige Beispiele aus der magischen Praxis zu nennen:
- das Verbrennen von auf Papier geschriebenen Wünschen
- das Ziehen von einem Schutzkreis
- das Hochhalten von Symbolen, um den Segen himmlischer Mächte zu erbitten

Auch hier gibt es wieder Unterschiede zwischen universellen, kulturellen und persönlichen Handlungen. Zu den universellen Handlungen gehören all diejenigen, die auf einer vertikalen Achse durchgeführt werden, also von oben nach unten oder umgekehrt. Dazu gehört das Zeigen nach oben mit dem Zauberstab oder das Vergraben von magischen Utensilien im Boden. Das liegt daran, dass alle Menschen der Naturkraft der Gravitation unterliegen. Das Unten wird mit Passivität und Unterlegenheit assoziiert. Es braucht in jedem Moment Muskelkraft und damit eine gewisse Anstrengung, um nicht zu Boden zu sinken. Auf dem Boden liegt man nur, wenn man schläft, ohnmächtig oder tot ist. Im Boden wird man begraben. Der Gravitation zu trotzen, sich emporzuheben, das Oben also, wird mit Macht, Freiheit und Übernatürlichkeit in Verbindung gebracht.

Das Ziehen des magischen Kreises wird mit der Bewegung der Sonne von Osten nach Westen assoziiert – ebenfalls eine universelle Erfahrung, die sich auch in der Bewegung des Uhrzeigersinns widerspiegelt. In einem Zauber etwas im Uhrzeigersinn zu verrühren, soll ein Ergebnis anziehen, da dies die gefühlt »richtige« Richtung ist. Etwas gegen den Uhrzeigersinn zu verrühren, empfinden die meisten als »unnatürlich«, weswegen die Bewegung dazu genutzt wird, um etwas loszuwerden oder wegzuschicken.

Kulturelle Handlungen können z. B. das das Bespucken von etwas sein oder das dreimalige Klopfen auf Holz, das bekanntermaßen Glück bringen soll. **Persönliche** symbolische Handlungen sind seltener, können aber auch rituell eingesetzt werden, wenn ihre Bedeutung als stark genug empfunden wird.

Neben Symbolen und Analogien gibt es in der Magie noch die **Entsprechungen** oder Zuordnungen als Bedeutungsträger des Unbewussten durch Assoziationen. Sie sind weniger intuitiv erfassbar und werden im Laufe der Zeit erlernt. Symbole werden in der Magie beim Visualisieren und durch Werkzeuge eingesetzt, zum Beispiel Licht, Feuer, Wasser, Knoten etc. und durch analoge Handlungen verbunden. Eine große Rolle spielen in der Hexenkunst aber auch Farben, Kräuter und Kristalle. Sie sind an und für sich keine Symbole, tragen aber ebenfalls durch die gesammelte Erfahrung mit ihnen eine geistige Bedeutung. Die Farbe Gelb entspricht z. B. Wärme, Positivität, Geld, weil das die Erfahrungen sind, die wir mit der Farbe sammeln. Sie kann dann in Zaubern eingesetzt werden, indem man z. B. gelbe Kerzen oder Blumen benutzt. Pflanzen können zwar als Symbole fungieren – man denke an eine Rose –, in der Magie wird aber häufig die Bedeutung eingesetzt, die sie für dich persönlich haben. Dazu werden Pflanzen und Kristallen durch die Erfahrung mit ihnen gewissen Energien zugeordnet. Lavendel hat z. B. eine beruhigende Wirkung. Er wird deswegen dem Unbewussten und den Energien des Mondes zugeordnet. In einem Zauber kann er genutzt werden, um Frieden in eine Situation zu bringen. Im Laufe der Zeit haben sich so ganze Systeme an Zuordnungen von magischen Zutaten zu Energien, Gottheiten, Wochentagen, Planeten etc. herausgebildet, die alle durch ihre geistige Wirkung einander entsprechen. Diese Systeme sind aber nicht fix. Je nachdem auf welche Eigenschaft einer Pflanze man sich konzentriert, können sich die Zuordnungen verändern. Im Zweifelsfall frage dich, was du persönlich mit einer bestimmten Pflanze oder einem Kristall assoziierst und setze sie entsprechend magisch ein.

Intuition

Das Unbewusste kann noch mehr, als Informationen durch Emotionen und Bilder zu kommunizieren. Es ist eine Datensammlung unvorstellbaren Ausmaßes, die in der Lage ist, die Zukunft mit einer beeindruckenden Treffsicherheit vorherzusagen. Ist es dir schon einmal passiert, dass du eine Person kennengelernt hast und dich plötzlich ein ungutes Bauchgefühl überkommen hat? Du wusstest nicht wieso, aber irgendetwas an dieser Person mochtest du nicht. Das, was wir hier Bauchgefühl oder Intuition nennen, ist tatsächlich eine Auswertung aller Daten zu menschlicher Gestik, Mimik, Haltung, Tonlage etc., die du bis zu diesem Punkt in deinem Leben gesammelt hast. Du meinst zwar in dem Moment, nur das neue Gesicht zu sehen, und hoffst, dass du dich an den Namen erinnern kannst, aber in deinem Gehirn läuft eine komplette Analyse und Einschätzung jedes noch so kleinsten Details ab. Wenn A, dann B. Wenn eine Person eine bestimmte Mimik und Gestik zeigt, wird sie sich so und so verhalten. Das lässt sich beliebig auch auf sehr viel komplexere Umstände ausweiten. Dein Gehirn verfügt über ein gewaltiges Potenzial. Doch anstatt dieses Potenzial als vages Bauchgefühl wahrzunehmen, kann man es gezielt einsetzen, indem man sich zu diesen unbewussten Prozessen Zugang verschafft und sie visualisiert. In der Magie stellt dies eine Form des Hellsehens dar. Es kann nicht nur dazu dienen, in die Zukunft zu blicken, sondern auch in die Welt des Geistes, in die unsichtbaren Vorgänge einer Situation einzutauchen. Vielleicht fragst du dich, was wirklich hinter einem Streit mit einer anderen Person steckt. Dein Unbewusstes kennt die Antwort und kann sie dir durch Gefühle und Bilder mitteilen.

Die Intuition schärfen

Notiere, wann immer dich im Alltag spontane Eindrücke überkommen, dein Bauchgefühl dich vor etwas warnt, dich ermutigt oder deine Intention dich unüberhörbar leitet. Schreibe auf, wenn du unerklärliche Gefühle zu einer Situation hast oder entgegen jeder Logik ein tiefes Wissen über die wahren Sachverhalte überkommt.

Möchtest du eine bestimmte Frage untersuchen, schließe deine Augen und komme mit einer Atemübung und Körperentspannung zur Ruhe. Jetzt formuliere deine Frage als eine Ja-nein-Frage und stelle sie dir. Beantworte die Frage dann mit Ja oder Nein und achte bei beiden Möglichkeiten darauf, wie dein Körper reagiert. Du wirst winzigste Impulse fühlen. Vielleicht beschleunigt sich dein Puls um einen Schlag oder du hast andere Empfindungen, z. B. eine kurze, schnelle »Welle«, die von deinem Bauch in den Kopf aufsteigt. Lerne, auf diese Impulse zu achten und sie entsprechend zu deuten.

ORAKELTECHNIKEN

Es gibt verschiedene Hilfsmittel, um die Intuition zu kanalisieren. Das bekannteste ist sicherlich die Kristallkugel zur Divination, für das Hellsehen. Aber auch ein Pendel oder Tarotkarten sind gute Mittel, um Antworten auf eine Fragestellung zu erhalten.

Hellsehen

Möchtest du eine traditionellere Technik ausprobieren, kannst du mit Wasser oder einer Kristallkugel hellsehen. Die reflektierende Oberfläche wird deinen Geist schnell in eine leichte Trance versetzen. Dunkle den Raum dazu ab und entzünde zwei weiße Kerzen. Die Farbe Weiß steht für Licht und Erkenntnis. Stelle eine Schale mit Wasser oder eine klare Kristallkugel in ihre Mitte. Nimm davor Platz und richte deinen Blick auf das Wasser oder den Kristall. Du wirst merken, wie deine Augenmuskeln früher oder später aufhören zu fokussieren. Wie beim Tagträumen wirst du die leichte Entspannung fühlen, die du mit einer Atemübung vertiefen kannst. Jetzt stelle deine Fragen. Achte auf innere Bilder, Eindrücke und Gefühle, die daraufhin spontan erscheinen. Übst du dies mehrmals, wirst du diese Eindrücke in das Wasser oder den Kristall selbst projizieren können.

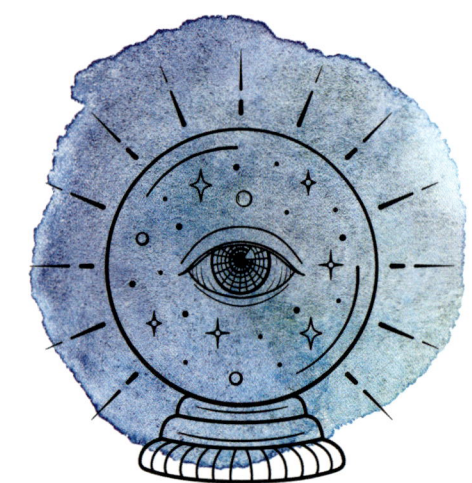

Neben dem klassischen Hellsehen gibt es weitere Orakeltechniken, um das Unbewusste sichtbar zu machen. Diese können auch in der Schattenarbeit eingesetzt werden.

Pendeln

Das Pendeln eignet sich besonders, um die körperlichen Impulse des Unbewussten direkt in sichtbare Bewegung umzusetzen. Das Pendel kannst du aus einer Schnur und einem Gewicht ganz einfach selbst bauen. Besitzt du eine Kette mit einem Schmuckanhänger, kannst du auch diese als Pendel verwenden. Der Vorteil ist hier, dass sie bereits mit deinem Unbewussten verbunden ist und dadurch gut auf deine Frage reagieren wird. Möchtest du ein Pendel herstellen, wähle für die Schnur eine Farbe, die deine persönliche Energie widerspiegelt. Als Gewicht kannst du einen kleinen Kristall nutzen, ein Holz- oder Metallstück. Achte auch hier darauf, das Material auf deine Energie abzustimmen. Halte es, wenn es fertig ist, eine Zeit lang in beiden Händen und visualisiere, wie etwas von deiner Energie wie Licht hineinfließt. Bestimme nun, welche Pendelrichtung für »Ja« und welche Pendelrichtung für »Nein« steht. Vom Kopfnicken und Kopfschütteln abgeleitet, wird die Pendelrichtung vom Körper weg und zum Körper hin meist als »Ja« verstanden. Von links nach rechts oder andersherum hingegen als »Nein«. Dreht sich das Pendel im Kreis, dreht sich auch dein Unbewusstes noch im Kreis und durchsucht die Datensammlung nach einer Antwort. Schwingt das Pendel diagonal, kann das als »Vielleicht« gedeutet werden. Die Antwort steht nicht fest.

Bevor du beginnst, dunkle den Raum ab und entzünde eine Kerze. Es wird dir helfen, dich auf das Pendeln zu konzentrieren. Komme beim Anblick der Flamme mit einer Atemübung und Körperentspannung zur Ruhe. Dann halte das Pendel vor dich und warte, bis es so ruhig wie möglich steht. Stelle jetzt deine Frage. Die Impulse des Unbewussten werden für winzigste Muskelkontraktionen sorgen, die das Pendel zunächst nur leicht und dann immer stärker in Schwingung versetzen.

Tarot- und Orakelkarten

Das Tarot stellt ein komplexes System aus den großen Arkana (lat. »Geheimnisse«), bestehend aus 22 Trümpfen, und den kleinen Arkana, 56 Farbkarten, dar. Orakelkarten gibt es mit diversen Themen, Elfen, Pflanzen, Gottheiten etc. Welches Deck man nutzt, hängt vom persönlichen Geschmack ab. Nachdem man die Bedeutung der einzelnen Karten erlernt hat, kann man durch unterschiedliche Legesysteme Fragen von einfach bis komplex beantworten. Die **eigene Interpretation** der Bilder und ihrer Bezugnahme aufeinander ist es, die die Antwort aus dem Unbewussten darstellt.

DIE MACHT DES VERSTANDES

Der Verstand, das bewusste Denken, ist das, was Menschen am häufigsten als das eigene »Ich« bezeichnen, auch wenn es eigentlich der kleinste Teil der eigenen Identität ist. Hier wird die Fähigkeit, Informationen zu reflektieren, Entscheidungen zu treffen und Ziele zu setzen, lokalisiert.

Der Körper sowie das Unbewusste sind **passiv**. Sie empfangen Informationen, verarbeiten sie und **reagieren** darauf. Der Verstand aber ist in der Lage, **aktiv** bewusste Vorhaben zu realisieren – zu **agieren**. Er hat damit das Potenzial zur gezielten Veränderung der Lebensumstände, was ihn zu einem machtvollen Instrument in der Magie macht. Nur eine Entscheidung kann dein Leben für immer transformieren.

Der Verstand kann Informationen aus dem Erlebten analysieren und den Ist-Zustand mit dem Soll-Zustand abgleichen. Vielleicht findest du einfach keinen Zugang zur Spiritualität. Das ist der Ist-Zustand. Du nimmst ihn bewusst wahr, denkst über ihn nach und reflektierst ihn. Dann gleichst du ihn mit dem Soll-Zustand ab, deinem Wunsch, tiefer in die geistige Welt eintauchen zu können. Aus diesem Unterschied zwischen Ist und Soll entsteht dann im besten Fall die **Intention**, die die Grundlage für eine folgende Veränderung bildet. Der Unterschied zwischen Wunsch und Intention ist der, dass ein Wunsch meist ein geistiges Konstrukt bleibt und einfach empfunden wird. Eine Intention hingegen zieht immer Taten nach sich. Sie wird auf allen Ebenen aktiv umgesetzt, der körperlichen, der unbewussten und der bewussten. In diesem Fall beginnst du vielleicht, Bücher zu lesen, übst zu meditieren, führst Schattenarbeit durch, um an die Wurzel des Problems zu gelangen, und vollziehst dann evtl. einen Zauber, der deinen Geist öffnen soll. Durch die Verbindung aller Teile kannst du deine Wirklichkeit transformieren.

Die Gefahr besteht darin, den Verstand zur höchsten – und einzigen Instanz – zu machen, so wie es moderne Menschen gerne tun. Er wächst immer nur auf Grundlage des Körperlichen und des Unbewussten, weswegen die Wurzeln jedes Wunsches und jeder Intention vor jedem magischen Ritual durch Schattenarbeit analysiert werden sollten. Ist eine Intention aber frei von negativen Prägungen, kann sie zum ersten Mal zu Ende formuliert und festgelegt werden. Das geschieht durch Sprache.

Sprache – Werkzeug des Verstandes

Sprache gehört immer dem Bereich des bewussten Verstandes an. Sie ist ein komplexes System aus Zeichen und Lauten, die eigene Bedeutungen tragen. Es besteht jedoch keine Verbindung zwischen Wort bzw. Wortlaut und der Bedeutung des Wortes. Bei Symbolen sieht das anders aus. Hier gibt es immer eine inhaltliche Verbindung. Zum Beispiel ähnelt das astrologische Symbol für die Sonne ☉ durch die Kreisform wirklich der Sonne. Auch könnte man argumentieren, dass der Punkt in dem Kreis für ihren zentralen Platz im Sonnensystem steht. Betrachtet man aber beispielsweise das Wort »Katze«, ähnelt weder die Form des Wortes noch der Laut auf

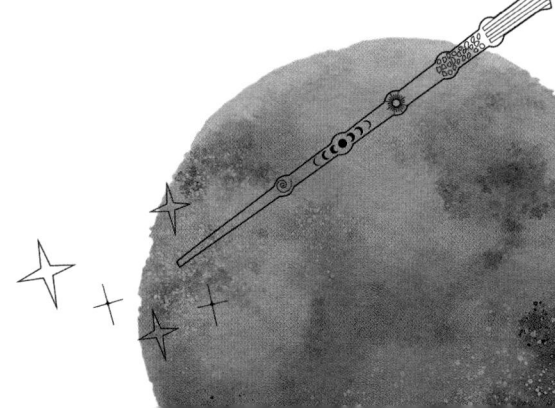

irgendeine Weise dem Tier. Die Verbindung ist willkürlich. Das macht menschliche Sprache hochgradig abstrakt. Sie muss durch den Verstand erlernt werden. Einmal erlernt, wird sie aber Sprachrohr des Verstandes, so sehr, dass sie fast zum Verstand selbst wird. Gedanken werden ständig in Worte und ganze Sätze verpackt. Deine innere Stimme, eine Art erzählende Instanz, schweigt im Wachzustand wahrscheinlich nie. Sie ist ständig damit beschäftigt, dein Erleben zu überwachen und zu moderieren. Sie ist häufig der Grund, weswegen es schwerfällt, zur Ruhe zu kommen und den Zugang zum Unbewussten zu finden. Reflektiert und gezielt eingesetzt, sind die innere Stimme und die akustische Stimme hochgradig machtvoll. So kann man sie nutzen, um sich selbst im Geist sprachliche Anweisungen zu geben, worauf das Unbewusste und der Körper automatisch reagieren. Zaubersprüche stellen die Höhepunkte eines Zaubers dar. Bei ihrem Aussprechen wird die geistige Intention des Verstandes als Stimme und Rhythmus in die physische Realität der Werkzeuge geschickt, die ihre verändernde Kraft empfangen.

Sprache ist Kommunikation und damit Verbindung, mit sich selbst, mit anderen Wesen und mit der Geistwelt. Sie ist in der Lage, Botschaften zu senden, die Transformation bewirken.

Autosuggestionen

Autosuggestionen sind kurze Sätze, die du zu dir selbst entweder im Geist oder laut sprichst und die fast augenblicklich eine unbewusste körperliche Reaktion hervorrufen. An ihr kann man direkt im eigenen Körper die Macht des Verstandes erfahren, der aktiv sendet, während Unbewusstes und Körper empfangen und umsetzen. Schließe deine

Augen und komme mit einer Atemübung und Körperentspannung zur Ruhe. Jetzt probiere folgende Autosuggestionen aus:

- »Ich entspanne mich mit jedem Atemzug mehr.«
- »Mein Puls verlangsamt sich.«
- »Ich öffne mich für die Geistwelt.«

Achte darauf, wie du gefühlsmäßig und körperlich reagierst. Hast du Schwierigkeiten, nur durch Atemübung und Körperentspannung zur Ruhe zu kommen, kannst du diese Autosuggestionen benutzen und sie zusätzlich auf jedes einzelne Körperteil ausrichten, z. B. »Meine Füße entspannen sich.«, »Meine Waden entspannen sich.«, »Meine Oberschenkel entspannen sich« usw.

Affirmationen

Affirmationen funktionieren ähnlich wie Autosuggestionen, indem man sich vorgefasste Sätze vorsagt. Affirmationen sollen jedoch längerfristige Veränderungen im Unbewussten hervorrufen. Sie sind dazu gedacht, negative Glaubenssätze wie »Ich verdiene keinen Erfolg!« durch positive Glaubenssätze »Ich verdiene Erfolg!« zu ersetzen. Ihr Ziel ist also weniger der Körper als die eigene Haltung zu sich selbst und die eigenen Emotionen. Sie besitzen dieselbe Macht des Verstandes wie die Autosuggestionen, jedoch braucht es länger, um Resultate zu erzielen. Das liegt daran, dass das Unbewusste so tief und komplex ist. Es wurde ein Leben lang geformt, deswegen braucht es länger, tiefsitzende Unsicherheiten ausschließlich durch Affirmationen zu verwandeln. Unterstützende Methoden wie Meditation und Schattenarbeit sind hier ergänzend zu empfehlen. Finde für ihren Einsatz durch die Schattenarbeit zunächst heraus, was deine negativen Glaubenssätze sind, dann ersetze sie durch positive.

Zaubersprüche

Zaubersprüche dienen in der angewandten Hexenkunst dazu, die Macht des Geistes durch den Verstand zu bündeln und in das Unbewusste – anwesend in der symbolischen Bedeutung der Ritual-Werkzeuge – und in das Physische – den materiellen Aspekt der Werkzeuge – zu senden und so die Realität umzuschreiben. Die klassischen Ritual-Werkzeuge der Hexen bestehen aus Zauberstab, Ritualdolch, Kessel und Kelch. Jedoch können auch Kerzen, Kristalle und andere Utensilien, die in einem Zauber zum Einsatz kommen, als Werkzeuge einer Hexe verstanden werden. Möchtest du z. B. einen Liebeszauber durchführen, um einen neuen Partner kennenzulernen, kannst du eine Kerze mit Rosenöl salben. Rosen und Feuer stehen in diesem Fall symbolisch für das Feuer der Liebe. Dann kannst du die Kerze entzünden und während des Abbrennens einen Zauberspruch wiederholen, der deine Intention widerspiegelt. Um die Verschmelzung zwischen Geist und Materie zu verstärken, solltest du eine Visualisierung einsetzen, z. B. wie die Flamme deine Worte aufnimmt und ihre Bedeutung mit dem Licht in das Universum hinausstrahlt.

Es herrscht in der Hexerei außerdem die Annahme vor, dass die gesamte Welt aus Schwingung besteht. Tatsächlich besteht jede Form von Materie auf Quantenebene ausschließlich aus Schwingung. Eigentlich existiert nichts wirklich »Festes«, weswegen viele Hexen annehmen, dass sowohl Geist als auch Materie nur unterschiedliche Schwingungszustände sind. In der Magie kennt man daher auch die sogenannte **Inkantation**. Das Wort wird mit »Beschwörung« übersetzt, jedoch leitet es sich von den lateinischen Worten *in* für »hinein« und *cantus* für »Gesang«, »Lied« ab. Singen und Verzaubern waren in vielen alten Kulturen eng miteinander verwoben. Die alten Römer kannten die *mala carmina*, die schlechten Lieder, die Pech und Flüche brachten, und eben die *incantationes*, die Segen und Heilung bringen sollten. Bei einer Inkantation wird die Intention in einen Zauber **hineingesungen**, um die Schwingung, die Frequenz der Realität zu ändern. Setzt du einen Zauberspruch in einem Ritual ein, kann es sich lohnen, dich vorher in die gewünschte Schwingung hineinzuversetzen. Visualisiere dazu dein Ziel und dann summe intuitiv einen Ton. Lasse ihn deinen Körper erfüllen, bis du vollkommen in dieser Frequenz bist und auch deine Umgebung und die Werkzeuge und Zutaten des Zaubers in Schwingung versetzt werden. Du solltest die Schwingung über deiner Nasenwurzel bis tief in deinen Kopf spüren können. Dann singe deinen Zauberspruch. Auch besitzen Lieder meistens einen Rhythmus und reimen sich. Genau hier liegt der Ursprung von sich reimenden Zaubersprüchen. Es hilft, sich tiefer auf den Sinn und die Frequenz der Intention einzulassen und den Geist wie beschrieben in ein Lied zu verwandeln.

Sigillen

Indem man eine Intention oder einen Zauberspruch niederschreibt und aus den Buchstaben ein Symbol – eine Sigille – kreiert, kann man den Verstand mit dem Unbewussten und dem Physischen verbinden. Man kann sie dann auf Objekte übertragen und diese mit ihrer Bedeutung segnen oder sie aus unterschiedlichen Materialien anfertigen und als Amulett oder Talisman bei sich tragen. Möchtest du auf einer Reise vor Unfällen und negativen Vorfällen geschützt sein, kannst du in Großbuchstaben – einfacher für Sigillen-Anfänger – deine Intention aufschreiben, z. B.: »SCHUTZ IN (LAND) VON (DATUM) BIS (DATUM)«. Danach streiche jeden doppelt vorkommenden Buchstaben und jede doppelt vorkommende Zahl. Jeder Buchstabe und jede Zahl sollten jetzt nur noch einmal vorkommen. Fertige aus ihnen ein Symbol an, indem du die Worte in die einzelnen Zeichen auflöst und diese neu zusammensetzt. Du kannst sie dazu z. B. übereinanderschichten, spiegeln, drehen etc. Auch brauchst du Buchstaben, die schon in anderen Buchstaben vorkommen, z. B. ein »L« in einem »E«, nicht zusätzlich verwenden. Experimentiere herum, bis du eine Sigille gefunden hast, die du als passend empfindest, und füge ggf. weitere Symbole hinzu, die dir wichtig sind. Visualisiere bei dem Anblick der fertigen Sigille noch einmal deine Intention und stelle dir vor, wie sie als Aktivierung aufleuchtet. Dann übertrage sie auf ein Objekt deiner Wahl. Du kannst sie aufschreiben und in deinem Reiserucksack verstecken, das Papier zusammenrollen und in einem Medaillon tragen o. Ä.

DER WAHRE WILLE

Der letzte Teil des Lebensbaums stellt die Baumkrone dar. Sie reicht in den Himmel. Die Blätter nehmen das Sonnenlicht auf und verwandeln es in Energie, die den Baum versorgt. Die Baumkrone stellt den Bereich des **wahren Willens** dar. Der Wille ist zu unterscheiden von Intentionen und reinen Wünschen, die oft durch Verletzungen und Unsicherheiten geprägt sind. Sind sie das nicht, entstammen sie dem Verstand, der Ist- und Soll-Zustand rational abgleicht. Der **wahre Wille** aber entstammt dem **höheren Ich**, auch Überbewusstsein genannt. Es entzieht sich einer psychologischen und erst recht einer wissenschaftlichen Betrachtung. Es ist ein rein spirituelles Konzept, das in der Hexerei aber eine große Rolle spielt.

Das höhere Ich stellt den geistigen Anteil dar, der von den Verletzungen und Unsicherheiten des menschlichen Lebens auf dieser Erde unberührt bleibt. Es ist, wenn man so will, die absolute Essenz deiner Persönlichkeit in einem perfekten Zustand. All das, was dir im Laufe deines Lebens zugefügt wurde, hat dich Stück für Stück von dir selbst entfremdet. Du bist weniger du dadurch geworden. Vielleicht warst du als Kind sehr extrovertiert und »vorlaut«, worauf deine Umgebung negativ reagiert hat. Du wurdest darauf konditioniert, dein Wesen zu verstecken und womöglich deine Bedürfnisse und Grenzen für dich zu behalten. Du hast dadurch einen Charakterzug angenommen, der dir nicht entspricht. So etwas wird im Laufe eines Menschenlebens auf dieser Erde zwingend passieren. Es ist Teil der menschlichen Erfahrung. Dein höheres Ich fordert dich jedoch dazu auf, all das, was du nicht bist, abzulegen, dein wahres Ich zum Vorschein zu bringen und zu ihm »aufzusteigen«. Oft passiert das ganz von selbst in der Schattenarbeit, wenn frühere Wunden aufgedeckt und geheilt werden. Hier bekommst du schon einen Eindruck von der Version deiner selbst, die du ohne all die Wunden sein könntest. Der Blick in die Vergangenheit ist wichtig, der Blick in die Zukunft jedoch wichtiger, um herauszufinden, was dein wahrer Wille, was dein eigentliches Ziel ist. Nur wenn du weißt, wo du hinwillst, kannst du alle Hindernisse auf diesem Weg beseitigen. Das ist nicht nur für das Alltagsleben wichtig, sondern insbesondere für die eigene Spiritualität und die magische Arbeit. Alle Meditationen, Zauber und Rituale sollen dein Leben positiv nach deinen Vorstellungen verändern. Das können sie nur, wenn sie nicht aus deiner Vergangenheit und deinem Unbewussten negativ beeinflusst werden. Aber nehmen wir an, du möchtest einen Zauber für einen neuen Job durchführen. Du hast dich mit Schattenarbeit beschäftigt, und dein Unbewusstes steht dem durch Unsicherheiten und Selbstwertprobleme nicht mehr entgegen. Der Zauber kann also problemlos umgesetzt werden. Wäre es jetzt nicht noch besser, wenn diese Veränderung dich auch noch deinem höheren Ich näherbringt? Sonst hast du zwar einen neuen, besserbezahlten Job, aber er stimmt nicht mit deinem wahren Wesen überein und hindert dich so an deiner spirituellen Entwicklung. Diese Diskrepanz könnte sogar dazu führen, dass du dann unglücklicher als vorher bist. Deswegen ist es wichtig, die magische Arbeit ganzheitlich, auf allen Ebenen, vorzubereiten und umzusetzen, insbesondere im Kontakt mit dem höheren Ich. Als reiner Geist, der unberührt ist von Vergänglichkeit, ist er Teil des Göttlichen, das sich in vielen verschiedenen Formen im gesamten Universum, den Planeten, der Erde und allen ihren Lebewesen manifestiert.

Aber wie erfährt man, woraus das höhere Ich und der eigene wahre Wille bestehen, und wie kann man ihnen näherkommen?

Die Arbeit mit dem höheren Ich

Du kannst dein höheres Ich gezielt kontaktieren und es befragen. Dieser Kontakt geschieht durch eine Technik, die seit Jahrtausenden als »Beten« bekannt ist. Dabei solltest du wie vor jeder Art magischer Tätigkeit zur Ruhe kommen, evtl. mit Kerzen und einer Räucherung, und dann die Intention setzen, dein höheres Ich zu kontaktieren. Vielen Hexen hilft dabei eine Visualisierung, z. B. Licht, das von oben herabscheint, oder die Vorstellung, die eigenen Worte in den Himmel zu schicken. Dann sprich mit deinem höheren Ich, entweder laut oder im Geist, und bitte es, dich zu leiten. Stelle deine Fragen und sei offen für spontane Einsichten.

Bist du dir nicht sicher, ob du die richtigen Botschaften erhältst, kannst du dieselben Orakelmethoden wie in der Arbeit mit dem Unbewussten nutzen, nur dass du diese bewusst an dein höheres Ich adressierst. Stelle dazu die Fragen laut oder im Geiste und richte sie beispielsweise durch eine Visualisierung nach oben.

Die Arbeit mit dem höheren Ich ist insbesondere hilfreich, um herauszufinden, wie sich ein Zauber auf deine Zukunft auswirkt. Entspricht die magische Intention deinem wahren Willen, wirst du hier Fluss und Bestätigung erleben. Widerspricht sie deinem wahren Willen, wirst du auf eine Blockade und Verneinung stoßen.

MAGISCHER TIPP

✦ TESTE DEINE VERBINDUNG ✦

Um herauszufinden, wie stark du schon mit der Macht deines Geistes verbunden bist, schreibe einen Wunsch für die folgende Woche auf. Es sollte etwas sein, zu dem du keinen emotionalen Bezug hast, und du solltest daran glauben können, dass sich dein Wunsch erfüllt. Am besten eignet sich etwas Willkürliches, wie z. B., dass du ein grünblau gestreiftes Auto siehst. Rolle den Zettel zusammen und knote ein Band dreimal um das Papier. Stell dir beim Knoten genau vor, wie dein Wunsch in der kommenden Woche in Erfüllung geht und spreche ihn aus. Dann lege den Zettel unter dein Kopfkissen.

Erfüllt sich dein Wunsch, besitzt du schon eine starke Verbindung zur Macht deines Geistes und du wirst in diesem Buch lernen, wie du sie ausbauen kannst. Geht dein Wunsch nicht in Erfüllung, ist das nicht weiter schlimm. Du wirst in den folgenden Kapiteln lernen, wie du diese Verbindung aufbauen und intensivieren kannst.

Öffne am Ende der Woche das Band und entsorge das Papier.

Verbinde dich mit den Kräften des Kosmos

ALLES IST EINS

Der Baum des Lebens ist nicht nur eine Darstellung der menschlichen Wirklichkeit aus Körper und Geist – er beschreibt die Wirklichkeit im Ganzen wie auch in ihren winzigsten Teilen. Wie Fraktale, also Objekte, deren Bestandteile dem Ganzen ähneln, sind diese Teile Abbild des **Einen** – Atome, Zellen, Lebewesen, Planeten, Galaxien etc. Sie besitzen Geist, der sich im Körper verfestigt. Sie alle sind in und für sich kleine Lebensbäume – Mikrokosmen des Makrokosmos. **Das Eine** stellt den Makrokosmos, die Gesamtheit aller Existenz und Nicht-Existenz, dar. Es ist und umfasst alles. Es ist das Urbild des Lebensbaums. Manche nennen es Gott, jedoch impliziert dieser Ausdruck eine Trennung der schöpfenden Kraft von der Schöpfung. Dabei ist alles sowohl Teil als auch vollkommenes Abbild des Einen. Jeder Mensch ist in diesem Sinne selbst göttlich und verfügt über die Macht, die Wirklichkeit zu erschaffen. Das höhere Ich ist der Teil, der mit dem reinen Geist des Einen verbunden ist. Für die Magie ist diese Einheit von größter Wichtigkeit. Nur durch die Einheit mit allem ist es möglich, die Realität zu beeinflussen. Die materielle Ebene suggeriert uns eine Trennung. Dein Bett ist nicht dein Tisch. Dein Körper ist nicht der Körper deiner Mitmenschen. Und doch steht alles miteinander in Verbindung, durch Licht, Wellen, Schwingung. Und auch im Körper selbst finden wir die Spiegelung von Mikrokosmos und Makrokosmos. Er besteht aus einzelnen Teilen, Zellen, Organen und Gliedern, die miteinander verbunden sind und ein Ganzes bilden. Genauso bildest auch du eine Einheit, die aber mit allen Teilen des Universums verbunden ist und das Eine bilden.

Diese Einheit schenkt dir die Möglichkeit, mit allem in Kontakt zu treten, zu kommunizieren und Energie im gegenseitigen Einverständnis auszutauschen, zu verschieben und fließen zu lassen. Magie ermöglicht dir, den Kontakt mit der Natur aufzunehmen und ihre Kräfte zu nutzen.

Die Natur ist ein wachsendes, bewusstes Lebewesen, bestehend aus Abermillionen wachsenden, bewussten Lebewesen mit ganz eigenen Kräften. Je nachdem welche Intentionen und Wünsche du hast, kannst du die jeweils verstärkten Energien in Sonne, Mond, Bäumen, Pflanzen, Kristallen, Gewässern, Winden und Feuern für dich nutzen. Diese Verschmelzung, diese Einheit ist die Essenz von Magie. Je öfter du sie suchst, desto mehr wird sie durch dich fließen können.

Einheit ist aber auch der Grund, weswegen schwarze Magie, weswegen jede Art von Schadenszauber sowohl moralisch verwerflich als auch für die Absendenden gefährlich ist. Indem du einem anderen Menschen Schaden zufügst, egal ob körperlich, emotional oder magisch, fügst du dem Einen Schaden zu. Deswegen wird eine »Sünde gegen einen Mitmenschen« auch in vielen anderen Glaubensrichtungen als eine »Sünde gegen Gott« betrachtet. Aber nicht nur das – als Teil und Abbild des Einen ist jeder Schmerz, den du einem anderen zufügst, gleichzeitig Schmerz, den du dir selbst zufügst. Du kannst niemandem mit voller Wucht ins Gesicht schlagen, ohne dass auch deine Hand wehtut. **Hier liegt der Ursprung für die magische Weisung, dass alles, was du aussendest, zu dir zurückkommt.**

Dabei beginnt schwarze Magie schon da, wo du den freien Willen eines anderen Menschen durch einen Zauber einschränken, ganz unterbinden oder mit deinem eigenen Willen ersetzen möchtest. Der freie Wille eines jeden Menschen ist göttlich. Außer in Verteidigungszaubern solltest du nicht versuchen, diesen zu manipulieren.

Und das magische Gesetz der Einheit geht sogar noch einen Schritt weiter. Auch jeder Schmerz, den du dir selbst zufügst, ist Schmerz, den du dem Einen zufügst. Deswegen wird auch jede »Sünde gegen dich selbst« als »Sünde gegen Gott« betrachtet. Selbsthass und Selbstsabotage zerstören nicht nur dich, sondern fügen der gesamten Wirklichkeit Schaden zu. Im Umkehrschluss bedeutet das jedoch, dass Heilung und Selbstliebe in dir auch zur Heilung und Selbstliebe der gesamten Welt beitragen. Das ist die Schönheit des alten Weges. Es ist der Weg zurück zur vollkommenen Einheit. Sie zu suchen, ist Teil der Berufung jeder Hexe.

Eins mit dem Einen

Schreibe auf, wann du dich mit dem Universum eins fühlst. Gibt es besondere Plätze in der Natur, an denen du die Einheit und Magie des Universums und der Erde spürst? Gibt es Zeiten, wie z. B. die Nacht, Vollmonde, Sonnenaufgänge etc.,

in denen du dich vollkommen eins mit dem Leben fühlst? Oder Tätigkeiten, bei denen du spürst, dass du verbunden bist? Versuche, die Orte, Zeiten und Tätigkeiten öfter zu genießen. Sie werden dir ganz von alleine Kraft spenden, indem du dich über dein höheres Ich mit dem Einen verbindest.

VORBEREITUNG MAGISCHER ARBEIT

Folgende Meditationen eignen sich als Vorbereitung für jede Art von magischer Arbeit. Sie schenken einen sicheren Raum, in dem du dich bewusst mit dem Einen verbinden und dich für das Fließen deiner Intention hinaus in deine Realität öffnen kannst.

Magischer Schutz

Da alles eins ist, kann sich auch alles gegenseitig beeinflussen. Nur so funktioniert Magie. Manchmal ist eine fremde Beeinflussung jedoch nicht erwünscht, insbesondere, wenn die Informationen und Energien aus der Umgebung oder von anderen Menschen nicht mit dem eigenen Willen, den Intentionen oder Gefühlen übereinstimmen. Es ist daher ratsam, vor jeder Art magischer Arbeit über das Unbewusste einen Schutz aufzubauen, in dessen Rahmen man sich dann vollkommen öffnen kann. Komme dazu körperlich zur Ruhe. Spüre Liebe in deinem Herzen und gib ihr im Geiste eine Farbe. Mit jedem Einatmen verstärke das Leuchten mehr. Mit jedem Ausatmen breitet sich das Licht wie eine Kugel aus, bis die Kugel dich und ggf. deinen magischen Arbeitsplatz umgibt. Um den Schutz zu fixieren, kannst du einen kurzen Zauberspruch sprechen, z. B.:

Diese Kugel schütze mich und mein Sein,
alles in ihr drin sei geschützt durch den Schein.

Erdung und Zentrierung

Setze dich in eine angenehme Haltung auf die Erde. Komme mit einer Atemübung und Körperentspannung zur Ruhe. Jetzt stelle dir vor, wie sich dein Inneres weitet. Löse alle Blockaden auf, indem du visualisierst, wie sie mit jedem Ausatmen aus dir hinausströmen. Dann spüre dich in dein Herz hinein. Fühle die Liebe zu dir, zur Natur und dem Kosmos. Sende sie tief in dein Steißbein. Visualisiere, wie aus ihm Wurzeln wachsen, die sich tief in die Erde graben. Spüre, wie du mit ihren Kräften verbunden und von ihr mit neuer Energie versorgt wirst. Lasse sie durch deinen Körper hinaufströmen, in alle deine Glieder, entlang der Wirbelsäule bis hinauf in deinen Kopf. Öffne dich vollkommen. Dann visualisiere, wie dein Kopf sich öffnet und die Energie wie Licht hoch in den Himmel direkt in den Kosmos schießt. Erhalte diese Visualisierung der Einheit und Verbindung aufrecht, bis du dich vollkommen eins fühlst, dann komme sanft zu dir zurück.

MAGISCHER TIPP

✦ MAGISCHE VERBINDUNGEN STÄRKEN ✦

Um dich auch im Alltag regelmäßig mit der Natur und dem Universum zu verbinden und die Kraft der Einheit, die Magie, durch dich fließen zu lassen, kannst du folgende Dinge ausprobieren:

- Gehe so oft wie möglich in die Natur.
- Ist dir das nur selten möglich, hole die Natur in deine Wohnung, durch Pflanzen, Holz, Zimmerbrunnen, Kristalle u. Ä.
- Betrachte den Sternenhimmel.
- Verräuchere oder verdampfe Kräuter, die dich verbinden, z. B. Angelikawurzel, Myrrhe, Rose, Weihrauch.
- Höre oder mache Musik.

Entwirf eine Sigille, die Einheit symbolisiert. Wenn du dich getrennt fühlst, betrachte sie und nimm ihre Kraft visualisiert auf.

POLARITÄT – TRENNUNG UND ANZIEHUNG

Alles ist eins. Alles ist verbunden. Und doch scheint es, als seien wir in einer Welt der Trennung gefangen. Ich bin nicht du. Der Körper ist nicht der Geist. Das Leben ist nicht der Tod. Der Himmel ist nicht die Erde. Licht ist nicht Schatten. Hitze ist nicht Kälte. Norden ist nicht Süden. Rechts ist nicht links. Männlich ist nicht weiblich. In dieser scheinbaren Trennung, dieses Scheins der Verneinung, die das Universum durchzieht, liegt ein Ur-Schmerz, denn Trennung ist das Gegenteil von Einheit und damit von Liebe – aber zur Einheit und Liebe wollen wir zurück. Das ist der ganze Sinn von Beziehungen, von Kommunikation, vom Erleben von Schönheit und Magie. Es ist der Sinn des Lebens. Für die Zeit auf dieser Erde aber wird diese Trennung immer präsent sein. Doch weswegen existiert sie überhaupt? Tatsächlich ermöglicht sie uns, überhaupt etwas zu erleben. Als unendlich viele kleine Teile des einen göttlichen Geistes erfahren und erschaffen wir die Wirklichkeit aus unendlich vielen sich entwickelnden Perspektiven. Das Eine kann sich so immer wieder neu selbst erleben, fühlen und verstehen. Wir können uns nur in Kontakt mit etwas Anderem, etwas Äußerem verstehen. Ohne einen Spiegel kannst du dich nicht selbst betrachten. Das ist die tiefere Wahrheit in dem Satz »Wie innen, so außen«. Dein Innen wird dir immer von deinem Außen, von Umständen und Menschen widergespiegelt, damit du dich selbst betrachten, verstehen und heilen kannst, genauso wie das Eine sich selbst betrachten, verstehen und heilen will. Trennung bedeutet Erkenntnis. Genau deswegen wird diese Trennung – auch wenn sie noch so schmerzhaft ist – in der Hexerei nicht verteufelt, anders als in manchen organisierten Religionen. **Sie ist heilig, genauso wie ihre beiden Pole.**

ZWEI POLE

Trennt man das Eine, erhält man zwei Pole, die über eine Flussbewegung von einem Pol zum anderen verbunden sind und damit wiederum Einheit bilden. Der »negative« Pol muss dazu passiv empfangend sein, der »positive« aktiv sendend. Nur so hat unsere Welt Bestand, vom gesamten Universum bis in jede Zelle und kleinste Quantenteilchen. Eine Lichtquelle kann nur als Lichtquelle wahrgenommen werden, wenn es um sie herum dunkel ist. Hitze kann nur als Hitze empfunden werden, wenn es um sie herum kühl genug ist. Dieser einfache Fakt findet sich auch im Baum des Lebens und damit in dir. Ständig sendest und empfängst du Informationen. Im ersten Kapitel hast du schon gesehen, wie dein Körper Daten aus der Umwelt über alle Sinneskanäle aufnimmt und an das Gehirn weiterleitet. Andersherum empfängt der Körper alle

deine geistigen Intentionen und setzt sie um. Dein Unbewusstes empfängt Informationen aus deiner Umgebung, deinem Verstand und deinem höheren Ich und formt daraus Bilder und Gefühle. Körper und Unbewusstes sind der »negative« Pol deiner Realität, dein Verstand und dein höheres Ich sind der »positive«. Im Wicca, der bekanntesten westlichen okkulten Strömung und Religion vieler Hexen, spielt diese Dualität von »negativ« und »positiv« eine Hauptrolle. Ihre Wurzeln wiederum gehen auf die altgriechische Philosophie zurück, die die Polarität von »aktiv« und »passiv«, »senden« und »empfangen« kannte.

Genau darum geht es in der Magie: die Verbindung von aktiv und passiv, um zurück zur Einheit zu kommen. Verbindest du Geist mit Materie, eine reine Intention mit physischen Gegenständen, vollziehst du einen göttlichen Schöpfungsakt. Du wirst zur Gottheit deiner eigenen Realität, als kleines Abbild des Einen.

Um diese Energien richtig zu verbinden, musst du zunächst selbst erleben, woraus genau sie bestehen. In dir selbst findest du diese Energien zwar schon, aber wie du jetzt gelernt hast, kannst du dich und die Kräfte in dir erst wirklich verstehen, wenn du sie im Außen betrachtest. Eine Möglichkeit dieser Betrachtung stellt das Sonnensystem dar. Mit einem Zentralgestirn, acht Planeten und mehreren Trabanten, die den Himmel bei Tag und vor allem bei Nacht prägen, wurden die Himmelskörper schon in der frühesten Menschheitsgeschichte mit gewissen Energien und Bedeutungen verbunden, die sich im Menschen selbst finden. Die beiden für den Menschen eindrücklichsten waren und sind der Mond und die Sonne. Sie spiegeln die Polarität des Einen wider. In ihren »Lebensbäumen« finden wir eine starke entgegengesetzte Gewichtung des aktiven und passiven Prinzips.

DER MOND

Als Herrscher der Nacht empfängt der Mond das Sonnenlicht und reflektiert es durch seine helle Oberfläche. Er versinnbildlicht damit Dunkelheit, Kälte, das Fehlen von Energie, das Raum schafft für eine Empfängnis. Deswegen wurde und wird er in vielen Kulten als weibliche Göttin verehrt. Er steht für die geheimnisvollen, ungesehenen Anteile in dir, die sich in Bildern und Gefühlen und nicht in der Klarheit der Sprache zeigen. Nachts im Schlaf ist das Wachbewusstsein ausgeschaltet. Die Bilder und Gefühle brechen sich in Träumen Bahn. Er stellt das intuitive, magische Wissen dar.

Der Mond ist den Hexen heilig, weil er die Magie des Unbewussten symbolisiert, das alle magischen Symbole hervorbringt und die Intentionen des aktiven Prinzips sowohl empfängt als auch manifestiert. Mit der gefühlvollen Kraft des Mondes ist es so möglich, eine neue Wirklichkeit zu erschaffen.

Wandle im Licht des Mondes

Betrachte in einer Vollmondnacht den Mond. Gehe, wenn möglich, in die Natur. Um dich herum sollte es vollkommen dunkel sein. Nimm die Stille wahr, die Kühle und den Frieden. Spüre die silbernen Mondstrahlen auf deiner Haut. Öffne dich für sie, indem du sie visualisiert in dich hineinatmest. Spüre, wie sich reine, geheimnisvolle Magie in dir sammelt und dich durchströmt, Raum schafft, eine neue Wirklichkeit zu empfangen. Lasse deinen Geist weit werden mit neuen Möglichkeiten. Spüre ihre Weichheit und ihren Fluss, ihr Wirken und Wachsen im Dunkeln, bis sie bereit sind, ans Licht zu treten. Danke dem Mond und komme langsam wieder in dein Alltagsbewusstsein zurück.

Der Mond im Buch der Schatten

Widme eine Seite deines Buchs der Schatten dem Mond. Zeichne intuitiv Symbole, die du mit ihm verbindest. Du kannst sie z. B. zum Kreieren von Sigillen und zum Segnen von Gegenständen mit der empfangenen Kraft des Mondes verwenden. Lasse dich dabei von den Gedanken und Gefühlen der vorangegangenen Meditation leiten.

Schreibe auf, welche Farben du mit dem Mond verbindest.

Schreibe auf, welche Pflanzen für dich persönlich mit dem Mond verbunden sind. Welche Pflanzen sind in deinem Unbewussten mit ihm assoziiert? Folgende Eigenschaften können dir bei der Suche helfen. Pflanzen, die:

- weiße oder silberne Blüten besitzen,
- den Schlaf verbessern,
- entspannend wirken,
- die Intuition stärken.

Schreibe auf, welche Kristalle du persönlich mit dem Mond verbindest. Hier kannst du dich von den Farben, die du aufgeschrieben hast, leiten lassen, um eine grobe Auswahl zu treffen. Gehe dann aber nach deiner Intuition. In welchen Kristallen spürst du intensiv die magischen Eigenschaften des Mondes? Halte dazu einen Kristall in beiden Händen. Konzentriere dich auf seine Ausstrahlung und spüre, ob du in ihm die Gefühle, Gedanken und Eindrücke aus deiner Mond-Meditation wiedererkennst.

Magische Symbole & Zeiten

Das astrologische Symbol für den Mond ist ☾.

Seine Phasen stellen jede Art von Lebenszyklus dar, die der Erde und ihrer Jahreszeiten, die eines Lebewesens, einer Situation oder eines Projektes.

Der **Neumond**, die erste sichtbare Sichel in einem Mondzyklus, steht für eine Geburt, für den Anfang eines neuen Zyklus. Er wird von vielen Hexen rituell gefeiert, um neue Intentionen mit Zaubern zu »säen« und jeden Monat die Energie eines frischen Anfangs in das Leben einzuladen. Seine Energie ist bis zum nächsten Schwarzmond wirksam.

Der **zunehmende Mond** steht für Zunahme, Wachstum und Entwicklung. Hat man zu Neumond einen Zauber vollzogen, wächst der Zauber in dieser Mondphase besonders stark. Auch kann man in dieser Zeit alle Arten von Zaubern durchführen, die auf Zunahme und Wachstum in einem bestimmten Lebensbereich zielen.

Der **Vollmond** steht für Reife und Ernte. Zu Vollmond erfüllen sich viele Zauber, weil jetzt die Energie der Empfängnis am stärksten ist. Der Mond steht der Sonne, von der Erde aus betrachtet, genau gegenüber, wird vollständig ausgestrahlt und empfängt so die ganze aktive Kraft der Sonne.
Die Zeit kann für schnelle und kraftvolle Wunscherfüllungen durch Rituale genutzt werden. Außerdem kommt das Unbewusste, das sonst im Dunkeln liegt, ans Licht und mit ihm alle bis zu diesem Punkt verdrängten Emotionen und Gefühle. Es ist eine Zeit, in der du klarsehen kannst, was dich antreibt und was dich hindert. Manchmal kann das zu emotionalen Spannungszuständen führen, aber diese sind nur dazu da, um sie zu heilen und zu transformieren. Schattenarbeit wird dir bei Vollmond besonders leichtfallen. All deine dabei erkannten Blockaden kannst du dann zum folgenden Schwarzmond in einem Ritual auflösen. Seine Energie ist bis zum folgenden Schwarzmond wirksam.

Der **abnehmende Mond** steht für Abnahme, Reife und das Altern. Diese Phase kann genutzt werden, um negative Dinge, Eigenschaften, Situationen abnehmen zu lassen und mit der Zeit aus dem Leben zu bannen. Mit dem schwächer werdenden Mondlicht soll Negatives seine Kraft verlieren.

Der **Schwarzmond** – der unsichtbare Mond am Tag vor dem ersten Mondlicht – steht für den Tod des alten Zyklus. Viele Hexen feiern ihn rituell, denn die Energie des Todes bei einem Schwarzmond wird nicht negativ gewertet. Ganz im Gegenteil – Hexen wissen, dass Leben nur in einem ständigen Kreislauf durch den Tod hindurch möglich ist. Der Tod ist ein heiliger Übergangspunkt. Er ist reines Potenzial, unendlicher empfangender Raum für Neues. Rituell wird er genutzt, um Überlebtes endgültig sterben zu lassen, sich zu reinigen und sich auf den folgenden Neumond – die Geburt eines neuen Zyklus – vorzubereiten. Schwarzmond und Neumond werden als eine Phase gezählt.

Sonnenfinsternisse

Sonnenfinsternisse werden dem Mond zugeschrieben, weil sie Schwarzmonde sind, bei denen sich der Mond, von der Erde aus betrachtet, genau vor die Sonne schiebt. Seine der Erde zugewandte Seite ist verdunkelt, so auch die Sonne. Durch diese größtmögliche Verschmelzung wird eine Sonnenfinsternis als besonders stark wirksamer Schwarzmond gewertet, der mit seiner Energie das folgende halbe Jahr beeinflusst. Mit seinen Energien zu arbeiten, kann für Junghexen, also Menschen, die gerade erst beginnen, Magie zu praktizieren, herausfordernd sein. Die Manifestation von Intentionen kann zu dieser Zeit besonders schnell und kraftvoll vonstattengehen, sodass Schattenarbeit hier unbedingt geboten ist, um keine negativen Emotionen mit zu manifestieren.

Mondfinsternisse

Eine Mondfinsternis findet statt, wenn sich die Erde zwischen Sonne und Mond befindet, ihren Schatten auf den Mond wirft und ihn verdunkelt. So wie eine Sonnenfinsternis als besonders starker Schwarzmond betrachtet wird, stellt eine Mondfinsternis einen besonders starken Vollmond dar.

Die Energien sind bis zu einem halben Jahr wirksam. Auch mit ihnen zu arbeiten, kann für Junghexen herausfordernd sein, weil während einer Mondfinsternis ein gesamter Mondzyklus in weniger als zwei Stunden und dazu umgekehrt abläuft. Der Schatten der Erde formt eine Mondsichel auf der rechten Seite des Mondes, was normalerweise einen zunehmenden Mond anzeigt. Dann aber verdunkelt sich der Mond zu einem Schwarzmond. Das erste Licht ist auf der linken Seite zu sehen, was sonst den abnehmenden Mond darstellt, bevor er wieder zu einem Vollmond wird.

Die Energien während nur eines Rituals mit dem Mond ab- und aufzubauen und auf die Intention zu richten, sollte daher nur erfolgen, wenn man genügend Erfahrung sammeln konnte.

Pflanzen & Kristalle

Folgende Pflanzen, Pflanzenteile und Kristalle werden in vielen Hexen-Traditionen mit dem Mond in Verbindung gebracht. Achte trotzdem auf eigene Eingebungen und deine Intuition.

Jasmin	Labradorit
Lavendel	Magnesit
Lilie	Mondstein
Lotus	Selenit
Malve	Opalit
Mariendistel	Weißer Opal
Passionsblume	
Wermut	
Wolfsmilchgewächse	

Mondwasser

Wasser eignet sich, um die Magie des Mondes geistig zu speichern und in Zaubern und Ritualen zu nutzen. Stelle dazu eine Schale mit Wasser bei Vollmond über Nacht in das Mondlicht und visualisiere, wie es sich auflädt. Du kannst Mondwasser auch zu den anderen Mondphasen anfertigen, um ihre magischen Zeitenergien des Wachstums, der Reife oder des Vergehens zu speichern.

Das Wasser kannst du für Raumsprays, Bäder, zum Reinigen von magischen Instrumenten, zum Hellsehen u. Ä. nutzen. Du kannst Mondwasser trinken, um die Kraft des Mondes auf dich zu übertragen. Stelle dazu eine verschließbare Wasserflasche aus Glas in das Mondlicht, sodass sich keine Bakterien im offen stehenden Wasser entwickeln, und visualisiere ebenfalls, wie die Mondkraft in das Wasser übergeht. Füge Mondkräuter, wie z. B. Lavendel, Malve oder Wermut, und wasserfeste Mondkristalle nach Belieben hinzu. Dazu eignen sich Labradorit, Mondstein und Opalit besonders gut.

Die Magie des Mondes

Nachdem du dich entschlossen hast, den alten Weg zu gehen, du dein Buch der Schatten geweiht hast und dir der Einheit des Universums bewusst geworden bist, ist es an der Zeit, dich vollkommen dem empfangenden Prinzip zu öffnen, der Magie des Unbewussten, der Intuition und Gefühle – der Magie des Mondes.

Die Magie des Mondes

Was du dafür brauchst:

- eine schwarze Kerze
- drei silberne Kerzen
- Kräuter für Öffnung und Magie, z. B. Baldrian, Lavendel, Malve
- eine Schüssel mit Trinkwasser

Führe das Ritual in einer Vollmondnacht durch. Gib die Kräuter deiner Wahl in das Wasser und stelle die Schale, wenn möglich, so in das Licht des Mondes, dass er sich darin spiegelt. Stelle die vier Kerzen in einem Quadrat um die Schüssel. Die schwarze Kerze sollte dir gegenüber hinter der Schüssel stehen. Direkt vor dir und zwischen dir und der Schüssel sollte eine der silbernen Kerzen stehen und die beiden anderen zu beiden Seiten der Schüssel. Die Kerzen symbolisieren die vier Phasen des Mondes.

Entzünde sie und komme zur Ruhe, während du die Lichtspiegelungen auf der Wasseroberfläche betrachtest. Spüre die Energien des Mondes, das Fließen der Emotionen, die Magie des Unbewussten, das Pulsieren der Intuition in den silbernen Strahlen. Richte den Zeigefinger deiner dominanten Hand, also der Hand, mit der du schreibst und andere feinmotorische Tätigkeiten hauptsächlich ausführst, auf die linke silberne Kerze. Sprich:

Ich gebe mich hin deinem Reifen,
die Weisheit des Alters will ich nun begreifen,
ich gebe mich hin deinem Sterben,
zum ewigen Kreis soll mein Leben werden.

Visualisiere, wie die Bedeutung deiner Worte mit dem Licht der Kerze in das Mondwasser fließt.
Richte deinen Finger auf die nächste Kerze im Uhrzeigersinn und sprich:

Ewiges Meer der Dunkelheit,
zur Öffnung und Weite sei ich nun befreit.
Der Tod des Alten ist nun vollzogen,
nimm mich ganz auf in deine Wogen.

Visualisiere, wie die Bedeutung deiner Worte mit dem Licht der Kerze in das Mondwasser fließt.
Richte deinen Finger auf die nächste Kerze im Uhrzeigersinn und sprich:

Heilige Sichel, silbernes Licht,
bringe hervor mein neues Ich.
Mit dieser Geburt bin ich bereit,
für Wachstum und Leben in deiner Wahrheit.

Visualisiere, wie die Bedeutung deiner Worte mit dem Licht der Kerze in das Mondwasser fließt.
Richte deinen Finger auf die letzte Kerze im Uhrzeigersinn und sprich:

**Voller Mond, Göttin der Nacht,
leite mich in deine vollkommene Kraft.
Ströme und blühe in meiner Tiefe,
ich gebe mich hin in vollkommener Liebe.**

Rühre nun im Uhrzeigersinn dreimal im Kräuterwasser herum und visualisiere, wie sich die Bedeutung deiner Worte mit den Kräutern, dem Wasser und der Energie des Mondes in allen seinen Phasen verbindet.

Zeichne mit dem Wasser eine Mondsichel auf deine Stirn als Sitz deines Geistes, auf dein Herz als Sitz deiner Emotionen und auf deinen Unterleib als Sitz deines Unbewussten. Dann trinke einen Schluck und visualisiere, wie silberne Strahlen dich durchfluten und dich mit der Magie des Mondes eins werden lassen.

Danke dem Mond, sprich »So sei es!«. Komme langsam wieder in dein Alltagsbewusstsein zurück.

DIE SONNE

Jeder Tag wird vom Auf- und Untergang der Sonne bestimmt. Sie sendet Licht und Wärme und stellt damit die Grundlage für die Entstehung von Leben dar. Ohne die Energie der Sonne wäre alles tot. Da sie solch eine grundlegende Rolle in der menschlichen Erfahrung spielt, ist sie das Symbol für die aktive Kraft schlechthin. Genau deswegen wurde sie in vielen Kulten seit Anbeginn der Menschheit als männlicher Gott verehrt. Sie steht für die sendende, lebensspendende Energie des Geistes in dir, für das Licht der Erkenntnis deines höheren Ichs und für die Wachheit deines bewussten Verstandes, deiner rationalen Gedanken und geistigen Intentionen, die du in deine Wirklichkeit sendest.

In der Magie wird die Kraft der Sonne genutzt, um einen Zauber mit viel aktiver Energie auszustatten und um die Kraft des Verstandes und des höheren Ichs zu nutzen, z. B. für Erfolgszauber, Reinigungszauber und Fluchauflösungen.

Bade im Licht

Gehe zur Mittagszeit hinaus ins Tageslicht. Stelle dich mit deinem Gesicht zur Sonne gewandt hin und schließe deine Augen. Konzentriere dich auf deinen Atem. Wenn deine

Gedanken ruhig geworden sind, beginne zu visualisieren, wie du das Sonnenlicht in dich einatmest. Vielleicht spürst du Stellen an deinem Körper, die besonders durchlässig sind, z. B. deine Augen, dein Herz oder den Oberbauch. Fokussiere dich auf sie und spüre, wie das Sonnenlicht in dich hineinflutet. Visualisiere, wie dein gesamter Körper anfängt, wie die Sonne zu strahlen. Wie fühlst du dich? Stark? Sichtbar? Mächtig? Wie weit hinaus in deine Umgebung reichen deine Strahlen? Versuche, sie weiter und weiter hinauszuschicken. Jetzt füge der aktiven Sonnen- und Lebenskraft in dir eine Intention hinzu. Was möchtest du an diesem Tag erreichen? Es muss kein großes Ziel sein. Vielleicht schiebst du eine Aufgabe schon länger vor dir her. Sieh vor dir, wie du sie erledigst. Dann spüre, wie diese Intention mit deinen Strahlen weit hinausgeschossen wird. Wenn du fertig bist, ziehe die Strahlen zurück und in dich hinein. Öffne langsam deine Augen.

Die Sonne im Buch der Schatten

Widme eine Seite deines Buchs der Schatten der Sonne. Welche Zeichen und Symbole verbindest du intuitiv mit ihr? Zeichne oder male sie auf. Du kannst sie z. B. zum Kreieren von Sigillen und zum Segnen von Gegenständen mit der aktiven Kraft der Sonne verwenden. Lasse dich dabei von den Gedanken und Gefühlen der vorangegangenen Meditation inspirieren.

Schreibe auf, welche Farben und Pflanzen du mit der Sonne verbindest. Folgende Eigenschaften können dir bei der Suche helfen, z. B. Pflanzen, die:

- gelbe, runde Blüten besitzen,
- viel Sonnenlicht benötigen,
- nur im Hochsommer wachsen,
- Energie schenken/wachmachen,
- die Sehkraft verbessern.

Schreibe auf, welche Kristalle du persönlich mit der Sonne verbindest. Die Farben, die du ihr zugeordnet hast, können dich in die richtige Richtung weisen, achte aber vor allem auf deine Intuition. Halte dazu einen Kristall in beiden Händen. Konzentriere dich und spüre, ob du in ihm die Eindrücke deiner Sonnen-Meditation wahrnimmst.

Magische Symbole & Zeiten

Das astrologische Symbol für die Sonne ist ⊙.

Der **Sonnenaufgang** kann für Zauber genutzt werden, die neue Anfänge in einem bestimmten Lebensbereich bringen sollen. Er entspricht dem Neumond bzw. dem zunehmenden Mond.

Die **Mittagszeit** eignet sich, um schnell viel aktive Energie mit einem Zauber hinauszuschicken. Sie entspricht dem Vollmond.

Der **Sonnenuntergang** kann Zauber zu einem Abschluss bringen. Auch kann man Dinge, Emotionen und Situationen zu dieser Zeit rituell besonders gut loslassen. Er entspricht dem abnehmenden Mond.

Die **Nacht** ist die Zeit, in der die Sonne nicht sichtbar ist. Sie eignet sich dazu, Negatives dem Tod zu übergeben. Die aktive, sendende Energie ist zu dieser Zeit am schwächsten, die passive, empfangende am stärksten. Sie entspricht dem Schwarzmond.

Die **Tagundnachtgleiche** um den 20. März eines jeden Jahres herum stellt das Ende des Winters dar und läutet den Frühling ein. Ihre magische Energie entspricht verstärkt der des Sonnenaufgangs.

Die **Sommersonnenwende** um den 21. Juni ist der längste Tag des Jahres und stellt den Höhepunkt des Sommers dar. Ihre magische Energie entspricht verstärkt der der Mittagszeit.

Die **Tagundnachtgleiche** um den 23. September stellt das Ende des Sommers dar und läutet den Herbst ein. Ihre magische Energie entspricht verstärkt der des Sonnenuntergangs.

Die **Wintersonnenwende** um den 21. Dezember ist der kürzeste und dunkelste Tag des Jahres und stellt den Höhepunkt des Winters dar. Ihre magische Energie entspricht verstärkt der der Nacht.

Pflanzen & Kristalle

Folgende Pflanzen, Pflanzenteile und Kristalle werden in vielen Hexen-Traditionen mit der Sonne in Verbindung gebracht. Achte trotzdem auf eigene Eingebungen und deine Intuition.

Arnika	Bergkristall
Augentrost	Bernstein
Gänseblümchen	Calcit
Getreide	Citrin
Gewürznelken	Peridot
Johanniskraut	Tigerauge
Lorbeer	
Löwenzahn	
Ringelblume	
Safran	
Zitrone	

Sonnenwasser

Wasser eignet sich, um die Kraft der Sonne geistig zu speichern und in Zaubern und Ritualen zu nutzen. Stelle dazu eine Schale mit Wasser während der Mittagzeit in das Tageslicht und visualisiere, wie es durch die Kraft der Sonne aufleuchtet und sich auflädt. Du kannst Sonnenwasser auch zu den Tagundnachtgleichen und Sonnenwenden anfertigen, um ihre magische Zeitenergie des Lebenszyklus von Werden und Vergehen zu speichern. Das Wasser kannst du dann für Raumsprays, Bäder, zum Reinigen von magischen Instrumenten, zum Hellsehen u. Ä. nutzen. Du kannst es trinken, um die Kraft der Sonne auf dich zu übertragen. Stell dazu eine verschließbare Wasserflasche aus Glas in das Tageslicht, sodass sich keine Bakterien im offen stehenden Wasser entwickeln, und visualisiere ebenfalls, wie die Sonnenkraft in das Wasser übergeht. Füge Sonnenkräuter, wie z. B. Gewürznelken, Löwenzahn oder Zitrone, und wasserfeste Sonnenkristalle nach Belieben hinzu. Achte bei den Kristallen darauf, dass sie keine wasserlöslichen giftigen Stoffe enthalten. Dazu eignen sich am besten Bergkristall, Bernstein und Citrin.

Die Macht der Sonne

Nachdem du dich vollkommen für die Mond-Magie der Empfängnis geöffnet hast, ist es an der Zeit, Kontakt zu der aktiven, sendenden Macht des Universums in dir aufzunehmen und dir rituell die Erlaubnis zu geben, dein Leben deinem Verstand und deinem Willen nach zu formen. Finde die Kraft der Sonne in dir, verstärke sie und lasse sie scheinen.

Die Macht der Sonne

Was du dafür brauchst:

- Zettel und Stift
- drei Haare
- drei Lorbeerblätter
- eine feuerfeste Schale
- eine weiße Kerze
- Sonnenwasser

Führe das folgende Ritual, wenn möglich, draußen durch. Kannst du es nur in der Wohnung ausführen, sorge für eine ausreichende Belüftung durch das Öffnen von Fenstern.

Komme zunächst zur Ruhe und zeichne eine Sigille, die aus deinem Namen und dem astrologischen Symbol für die Sonne besteht. Visualisiere, wie sie zur Aktivierung aufleuchtet. Dann lege drei deiner Haare und drei Lorbeerblätter auf den Zettel und falte das Papier um die Haare und die Kräuter herum. Lege das Päckchen in die feuerfeste Schale. Um die Schale solltest du genügend Platz haben, um dich in einem Kreis mit ca. zwei bis drei Metern Durchmesser zu bewegen. Entzünde jetzt die Kerze und halte sie in beiden Händen. Stelle dich dem aktuellen Sonnenstand entgegen und richte deinen Blick auf die Flamme. Visualisiere, wie die

Sonne ihre aktive, sendende Energie durch einen Strahl in die Kerzenflamme leitet und du ihre konzentrierte Kraft in deinen Händen trägst. Beginne jetzt im Uhrzeigersinn – dem Lauf der Sonne von Osten nach Westen entsprechend –, um die Schale zu laufen. Sprich dabei mehrfach folgenden Zauberspruch:

Kraft der Sonne, brennendes Licht,
von Norden nach Süden,
von Osten nach Westen,
beschwöre ich dich.

In diesem Kreis entfalte deine Macht,
erschaffe den Tag aus meiner Nacht.

Lasse dich von dem Takt deiner Schritte und dem Rhythmus der Worte in eine tiefe Entspannung sinken. Visualisiere, wie sich der Kreis mit der gleißenden, aktiven Kraft der Sonne füllt. Du wirst spüren, wenn sich die Magie genug aufgebaut hat. Bewege dich dann allmählich in einer Spirale in den Mittelpunkt zur feuerfesten Schale hin.

Bleibe stehen, fokussiere dich auf deine Intention, die volle Macht des aktiven Prinzips in deinem Leben zu verkörpern, und entzünde den Zettel mit der Kerze. Sei vorsichtig, denn der Lorbeer sprüht beim Verbrennen Funken. Das ist normal und erwünscht. Betrachte die Flammen und fühle, wie dein Verstand und dein Wille anfangen, zu brennen und sich voll zu entfalten. Visualisiere, wie du selbst anfängst zu strahlen wie die Sonne, die deine Realität zum Leben erweckt.

Ist der Zettel verbrannt, sprich: »So sei es!«.

Erhole dich ein wenig von der intensiven Visualisierung. Dann gib etwas Sonnenwasser auf die Asche und zeichne das astrologische Symbol der Sonne auf deine Stirn und deine beiden Handflächen. Setze dich hin, richte deine Handflächen der Sonne entgegen, genieße die Energien, die du aufgebaut hast, und stelle dir eine Weile lang vor, wie du dein Leben von nun an aktiv verändern wirst.

Danke der Sonne, dann komme allmählich in dein Alltagsbewusstsein zurück.

DIE VIER ELEMENTE

Die Vier-Elemente-Lehre spielt seit der Antike eine tragende Rolle für das Verständnis von Magie. Der griechische Philosoph Empedokles versuchte im 5. Jhd. v. Chr. den Übergang von der vollkommenen und ewigen Welt des Geistes in die unvollkommene und vergängliche Welt der Materie zu erklären. Wenn alles eins war, wie konnte sich das Göttliche im Kosmos als »Körper des Göttlichen« materialisieren und so eine Trennung erschaffen? Empedokles kam zu dem Schluss, dass sich Geist in vier Träger aufspaltet, die durch ihre unterschiedliche Zusammensetzung das Universum formen – die Elemente Erde, Wasser, Luft und Feuer. Er nannte sie jedoch nicht »Elemente«, sondern »Wurzeln«. Als solche sind sie eben keine chemischen Elemente, sondern geistige Energien, geistige Urbilder oder Ideen, die die materielle Welt in all ihrer Komplexität als ihr Abbild hervorbringen. Der Vorwurf der Wissenschaft, die Vier-Elemente-Lehre sei seit der Entdeckung der 118 chemischen Elemente längst überholt, ist somit nichtig, denn die Vier-Elemente-Lehre ist aus heutiger Sicht keine wissenschaftliche Erklärung, sondern philosophische Weltanschauung.

Aber wieso ausgerechnet Erde, Wasser, Luft und Feuer? So wie bei Empedokles' Frage danach, wie sich Geist in Materie verwandeln kann, gibt es hier zwei unterschiedliche Herangehensweise zur Beantwortung – der Blick nach außen in die Natur und den Blick in sich selbst hinein. Betrachten wir zunächst die Natur, die **Erde** selbst. Als einer vieler Milliarden Gesteinsplaneten ist die Erde aus Gestein, Mineralien und Metall aufgebaut. Ihr Kern besteht aus Eisen und Nickel, der den Kern umgebende Erdmantel vornehmlich aus Silizium-Eisen-Silikaten. Die Erdkruste besteht im wesentlichen Teil aus Granit. Reine Gesteinsplaneten sind jedoch tote Planeten ohne **Wasser**, das das Gestein auflösen und zu fruchtbarem Erdboden verwandeln kann. Wasser bringt Leben. Durch Wasserkreisläufe, dem Formen von Ozeanen, dem Verdampfen und Herabregnen ist es in der Lage, Nährstoffe über weite Strecken zu transportieren und einen gesamten Planeten fruchtbar zu machen. Doch noch etwas fehlt für die Entstehung von komplexen Leben: Licht und Wärme. **Feuer** als Licht- und Wärmequelle ist deswegen ein weiteres magisches Element – es ist der Lebensfunke. Durch Photosynthese sind Pflanzen in der Lage, Energie aus Licht zu gewinnen, sich zu vermehren und die Energie für höhere Lebensformen bereitzustellen. Die Erde wird grün. Außerdem entsteht bei der Photosynthese Sauerstoff, ein Bestandteil von **Luft**. So wie Pflanzen durch Photosynthese Energie herstellen, erzeugt der Mensch durch die Aufnahme von Sauerstoff Energie. Lebewesen brauchen Luft zum Atmen und damit zum Leben.

Es ist durch diese Verbindungen verständlich, weswegen Erde, Wasser, Luft und Feuer als die grundlegenden Elemente unserer Welt betrachtet werden, die – folgt man der magischen Betrachtungsweise – auch in uns als Abbild der Erde und des Kosmos vorkommen müssen.

Das Element Erde korrespondiert mit all den festen Strukturen des menschlichen Körpers, den Knochen, Sehnen, Gefäß- und Organwänden, Nägeln, Haaren, Haut. Das Element Wasser korrespondiert mit all den Flüssigkeiten, die den festen Körper mit Nährstoffen versorgen und ihn reinigen: Gehirnflüssigkeit, Lymphe und insbesondere Blut. Auch hier sorgt das Element Wasser für Leben. Das Element Luft findet sich im Atmen wieder, aber auch im gesamten menschlichen Stoffwechsel, der auf Sauerstoff angewiesen ist. Das Element Feuer finden wir in unserem Körper in der Produktion von Körperwärme über die Nahrungsaufnahme und in den elektrischen Signalen, die über die Nerven weitergeleitet werden. Nur durch sie können wir uns bewegen, unsere Umwelt wahrnehmen und denken.

ERDE

So wie das Element Erde in der physischen Welt all das beschreibt, was fest und stabil ist, so beschreibt es auch in der geistigen Welt **Festigkeit** und **Stabilität**. Das ist das geistige Urbild oder Konzept, von dem die feste Materie das Abbild ist. Im festen Aggregatzustand besitzt Materie die höchste Dichte, die geringste Beweglichkeit und die niedrigste Schwingung. Aus magischer Sicht ist feste Materie damit am weitesten von der Welt des Geistes entfernt, aber gleichzeitig auch Symbol für die erfolgreiche **Manifestation** eines Wunsches. Die Magie zielt immerhin darauf ab, geistige Intentionen zu physischer – fester – Realität zu machen.

Aber das Element Erde hat noch weitere magische Eigenschaften, die sich von den Assoziationen mit ihr ableiten. Das Erdreich ist der Ort, zu dem alle Lebewesen, wenn sie sterben, zurückkehren. Es ist das Totenreich, in dem alle Körper zersetzt, aufgelöst und in Erde selbst verwandelt werden. Steine, Mineralien sind ohne Wasser, Luft und Feuer tot. Das Element Erde ist daher das Element des **Todes**. Das mag sich zunächst beängstigend anhören, aber für Hexen ist der Tod heilig, denn er beendet nicht nur, sondern er verwandelt und schenkt damit die Möglichkeit neuen Lebens. Tatsächlich wird Leben erst durch den Tod möglich. Wenn alles immer gleich bleibt, sich nie etwas verändert, ist das ewige Stagnation. Damit sich etwas verändern kann, muss vorher etwas sterben. Im Laufe unseres Lebens müssen wir so viel loslassen, so vieles dem Tod übergeben, um uns weiterzuentwickeln: überholte Ansichten, innere Haltungen, negative Angewohnheiten, aber auch Menschen, die uns nicht mehr guttun, und ganze Lebenssituationen, aus denen wir herausgewachsen sind. Nur durch den Tod kannst du das Leben in noch größerer Fülle erfahren. Der Tod ist der Schlüsselpunkt vieler neuer Zyklen. Diese Zyklen sehen wir auch in der Natur. Die vier Jahreszeiten zeigen, wie die Erde selbst durch Geburt im Frühling, Fülle im Sommer, das Alter im Herbst und schließlich den Tod im Winter geht, bevor sie die Natur im Frühling wiederaufleben lässt. Die vier Phasen des Mondes und die Sonnenzyklen sind eine Erinnerung an uns, dass alles zyklisch verläuft und jedes Ende einen Anfang darstellt.

Diese Verbindung zu Geburt und Tod ist der Grund, weswegen das Element Erde als **Mutter** Erde einen Bezug zur Mutterschaft hat. Als **empfangendes** Element wird es in den magischen Traditionen als »weiblich« gedacht, das Geist empfangen und eben manifestieren kann. So wie weibliche Geschlechtsorgane im Stande sind, einen neuen Menschen zu formen und auf die Welt zu bringen, wird dem Element Erde zugesprochen, Intentionen **Fruchtbarkeit** zu verleihen, sie wachsen zu lassen und als neue Realität auf die Welt zu bringen. Als Element der Fruchtbarkeit hat Erde daher einen starken Bezug zu **Kreativität** und **Geld**.

Manifestation

Stelle dich mit beiden Füßen fest auf die Erde und komme mit einigen Atemzügen zur Ruhe. Denke an etwas, das du dir für deine Zukunft wünschst. Visualisiere, wie dein Wunsch fast durchsichtig im Raum vor dir schwebt. Hebe deine Hände zu deinem Wunsch hin und lasse die Festigkeit der Erde unter dir in deinen Körper bis in deine Hände fließen. Dann schicke sie in einem Strom in deinen Wunsch hinein. Stelle dir vor, wie er Gestalt annimmt, immer fester und schwerer wird, so schwer wie Eisen, bis du sein Gewicht nicht mehr halten kannst und er auf die Erde fällt. Spüre die Erschütterung des Bodens. Danke der Erde und komme langsam wieder in dein Alltagsbewusstsein zurück. Öffne deine Augen.

Die Erde im Buch der Schatten

Widme eine Seite deines Buchs der Schatten dem Element Erde. Was hast du in der vorangegangenen Meditation empfunden? Kannst du Zeichen und Symbole für diese Gefühle finden?

Zeichne oder male sie auf. Sie können dir z. B. zum Kreieren von Sigillen und zum Segnen von Gegenständen mit der Kraft der Erde etc. dienen.

Schreibe auf, welche Farben du mit dem Element Erde verbindest.

Weil jede Pflanze aus oder in der Erde wächst, werden alle Pflanzen diesem Element zugeordnet. Trotzdem gibt es Kräuter, Bäume und Gewächse, die besonders mit ihren *geistigen* Eigenschaften verbunden sind.

Schreibe auf, welche Pflanzen für dich persönlich besonders mit der Erde verbunden sind. Du kannst nach ihrer Eigenschaft Stabilität, ihrem Bezug zum Tod, zur Unterwelt und zur Fruchtbarkeit gehen, z. B. Pflanzen, die:

- groß und stabil wachsen,
- giftig sind,
- bodendeckend wachsen,
- unterirdisch als Wurzelgewächse wachsen,
- sich stark vermehren,
- einen erdigen Geruch haben.

Auch alle Kristalle sind mit dem Element Erde verbunden. Sie sind sozusagen »kristallisierte Erde«, die über Jahrmillionen in ihren Tiefen gewachsen ist. Aber manche Kristalle tragen verstärkt die geistige Bedeutung des Elements in sich.

Lasse dich von den Farben leiten, die du aufgeschrieben hast, um eine grobe Auswahl zu treffen. Gehe dann aber wieder nach deiner Intuition. Halte den Kristall deiner Wahl in beiden Händen. Konzentriere dich auf seine Ausstrahlung und spüre, ob du in ihm die Gefühle, Gedanken und Eindrücke aus deiner Erd-Meditation wiedererkennst.

Magische Symbole & Zeiten

Das magische Symbol für das Element Erde ist ▽.

Die Sternzeichen Stier ♉, Jungfrau ♍ und Steinbock ♑ werden ihres Bezugs zu den Jahreszeiten wegen dem Element Erde zugeordnet. Du kannst:

- ihre Symbole zusätzlich zu deinen Symbolen verwenden.
- deine Meditationen, Rituale und Zauber durchführen, wenn die Sonne oder der Mond in diesen Zeichen steht.
- Die Sonne steht vom 21. April bis zum 21. Mai im Stier, von 24. August bis 23. September im Zeichen der Jungfrau und von 22. Dezember bis 20. Januar im Steinbock.
- Der Mond wechselt alle zwei bis drei Tage das Zeichen. Ungefähr alle sieben bis acht Tage steht der Mond in einem Erd-Zeichen. In welchem Zeichen er an einem bestimmten Tag steht, lässt sich mithilfe eines Mondkalenders ermitteln.
- Einen Zauber zu diesen Zeiten durchzuführen, kann die magische Energie der Erde verstärken.

❖

Pflanzen & Kristalle

❖

Folgende Pflanzen, Pflanzenteile und Kristalle werden in der Magie mit dem Element Erde in Verbindung gebracht. Achte trotzdem auf eigene Eingebungen und deine Intuition.

❖

Alraune	Hämatit
Baumharze	Jade
Getreide	Malachit
Efeu	Moosachat
Eisenkraut	Onyx
Moos	Schwarzer Turmalin
Nüsse	Smaragd
Patchouli	Versteinertes Holz
Pilze	
Tanne	

❖

Magische Erden

Sammle Erde von unterschiedlichen Orten und bewahre sie in verschließbaren und beschrifteten Gläsern auf. Die unterschiedlichen »Erdarten« sind dadurch mit geistiger Bedeutung aufgeladen. Die Erde kann von Orten stammen, zu denen du eine starke magische Verbindung spürst und die eine zusätzliche Symbolkraft besitzen. Die unterschiedlichen Erdarten sind dadurch mit ihrer geistigen Bedeutung aufgeladen.

Meeressand: Weite, neue Möglichkeiten und Horizonte erschließen

Walderde: Fruchtbarkeit, Wachstum, Finanzen, Mutterschaft, Magie

Kieselsteine aus einem Flussbett: ein festes Fundament für Kreativität und Veränderungen im Leben

Friedhofserde: Tod, Transformation

Unter einem Tor gesammelt: eine Lebensphase hinter sich lassen, Stabilität und Wachstum für den Eintritt in eine neue Lebensphase

An einem Kreuzweg gesammelt: festes Fundament für den Kontakt zur Geistwelt. Kreuzwege sind in der Magie Kontaktpunkte zwischen der weltlichen und geistigen Dimension.

Grobes Salz: »Desinfektion«, Reinigung und Schutz

Reinigung & Schutz

Jedes der Elemente kann zur energetischen Reinigung und zum Schutz von Räumen, Objekten und dem eigenen Geist genutzt werden. Erde reinigt und schützt durch Dunkelheit, Unsichtbarkeit, Tod und Transformation von Energie.

Du kannst:

- Salz in Wasser auflösen und ein reinigendes Raumspray mit zusätzlichen Kräutern deiner Wahl herstellen,
- Talismane, Amulette und Kristalle zur Reinigung in grobes Salz, Salzwasser oder Erde einlegen, wenn das Material es erlaubt,
- Schlammpackungen und Salzbäder zur körperlichen und geistigen Reinigung nutzen.

Solides Fundament für Zauber

Das Element Erde besitzt von allen magischen Elementen zwar die langsamste, aber stabilste Manifestationskraft. Mit ihr in einem Zauber zu arbeiten, kann also Resultate bringen, die langsam wachsen, dafür aber umso nachhaltiger dein Leben verändern. Erd-Zauber sind daher besonders für Resultate in deinen äußeren Strukturen, also Beziehungen, Finanzen, Beruf, geeignet, weil diese ein festes Fundament brauchen und zu schnelle Veränderungen unvorhergesehene Schwierigkeiten mit sich bringen könnten.

Vielleicht gibt es in deinem Leben Bereiche, in denen es einfach nicht rundlaufen will. Jedes Mal, wenn du denkst, dir ist ein Durchbruch gelungen und du hast endlich dein Ziel erreicht, passiert etwas, das all deine Mühe zunichtemacht. Das kann in deinem Liebesleben sein, in deinem Beruf, deiner Familie oder deiner Spiritualität. Das folgende Ritual dient dazu, ein festes Fundament für den jeweiligen Lebensbereich zu schaffen und dir gesundes Wachstum darin zu schenken.

Erd-Zauber für Stabilität und Wachstum

Was du dafür brauchst:
- Stift und Papier
- ein Einmachglas
- kleine Kieselsteine
- Walderde
- ein Stück Moos
- eine braune und eine grüne Kerze

Komme mit einer Atemübung und bewussten Körperentspannung zur Ruhe. Nun konzentriere dich auf deine Intention. In welchem Lebensbereich brauchst du Stabilität und Wachstum? Formuliere deinen Wunsch und schreibe ihn auf. Fertige aus den Buchstaben eine Sigille an, die du mit einem Kreis einfasst. Visualisiere, wie die Sigille durch deine Intention aufgeladen anfängt zu leuchten. Dann lege sie auf den Boden des Einmachglases.

Nimm die Kieselsteine in beide Hände. Fühle die Energie der Stabilität in ihnen und sprich folgenden Zauberspruch:

Fester Grund und starker Halt,
Ein Fundament schenkt mir schon bald.
Schritt für Schritt und Stein auf Stein,
So sage ich es und so soll es sein.

Visualisiere, wie die Steine aufleuchten. Lege die Hälfte beiseite und gib die andere Hälfte auf die Sigille.
Nimm die Walderde in beide Hände. Fühle die Energie der Fruchtbarkeit und des Wachstums. Sprich folgenden Zauberspruch:

Wachstum und Leben in dieser Erde,
Die Vergangenheit ist nicht mehr,
Denn ich spreche: Es werde!

Visualisiere, wie die Erde aufleuchtet. Jetzt fülle sie in das Glas, sodass es in etwa halb voll ist. Lege das Moos auf die Erde und drücke es fest. Auf dem Moos arrangiere die andere Hälfte der Kieselsteine, wenn möglich, in Form deiner Sigille.
Stelle das Glas an einem geschützten Platz mit der braunen auf der einen und der grünen Kerze auf der anderen Seite auf und entzünde sie. Die braune Kerze symbolisiert Stabilität, die grüne Kerze Wachstum. Visualisiere, wie sich

in dem Glas deine Intention manifestiert. Wenn du fertig bist, ersticke die Kerzen. Wiederhole die Meditation im Laufe der folgenden Tage oder Wochen bei Kerzenschein, bis die Kerzen vollkommen heruntergebrannt sind.

Besprühe das Moos und die Steine regelmäßig mit Sonnenwasser. Spätestens wenn die Kieselsteine mit Moos bewachsen sind, ist der Zauber erfüllt.

Tipp: Du kannst anstatt oder zusätzlich zu den Kieselsteinen kleine Kristalle benutzen, die deine Intention widerspiegeln.

WASSER

Wasser beschreibt in der Magie durch seinen flüssigen Aggregatzustand die geistige Energie des **Fließens**, der **Weichheit** und der **Veränderung**. Das ist das Urbild oder Konzept, von dem alle flüssige Materie das Abbild ist. Im diesem Aggregatzustand besitzt Flüssigkeit fünf bis zehn Prozent weniger Dichte als feste Materie. Die Teilchen können sich außerdem im Gegensatz zu fester Materie gegenseitig verschieben. Sie bewegen sich schneller mit größeren Abständen, hängen aber trotzdem aneinander. Wird Flüssigkeit nicht von fester Materie umschlossen, verteilt sie sich gleichmäßig.

In der Magie wird das Element Wasser genutzt, wenn es darum geht, Intentionen und Wünsche fließen zu lassen, um feste Blockaden aufzulösen und die eigene Realität mühelos auszuweiten. Dem Wasser kommen aber weitere geistige Eigenschaften zu. Wasser macht Erdboden **fruchtbar**. Alles, was in deinem Leben fest ist, womöglich zu fest, sodass es starr geworden und jetzt festgefahren ist, kann durch die Magie des Wassers aufgelockert werden. Es bringt Bewegung in diese Situationen, sodass aus ihnen Neues entstehen und zum **Wachsen** gebracht werden kann. So wie Erde besitzt Wasser einen Bezug zu den Tiefen der Erde, zur Unterwelt. In den Weltmeeren finden wir die tiefsten Orte der Erdoberfläche, in die kein Sonnenstrahl reicht. Im Gegensatz zur Erde, die die Starre und Dunkelheit des Todes symbolisieren kann, führt uns das Element Wasser in unsere eigene Unterwelt, in unser **Unbewusstes**. Aus der toten Materie, dem unbelebten Körper, symbolisiert in dem Element Erde, formt sich eine lebendige, fließende Welt voller **Instinkte**, **Triebe**, **Emotionen** und **Bilder**. Gedanken und Sprache existieren hier nicht, nur die unmittelbare Wirklichkeit des menschlichen Bewusstseins. Hier fließen Wahrnehmung, Wünsche und Antriebe zusammen. Die magische Kraft des Wassers kann helfen, dich mit dieser dunklen, unsichtbaren Seite deines Wesens zu verbinden. Es ist daher auch Element der **Intuition**, der **Träume** und **Magie**. Wasser ist wie die Erde ein Element des **Empfangens** und wird ebenfalls oft als **weiblich** beschrieben. Es symbolisiert das Fruchtwasser, in dem Geist zu Körper manifestiert wird.

Dammbruch

Nimm ein Bad oder eine Dusche. Schließe deine Augen und komme mit ein paar bewussten Atemzügen zur Ruhe. Spüre, wie das Wasser dich umfließt, fühle seine Weichheit, wie es sich anpasst, wie es dich reinigt. Visualisiere all die Körperflüssigkeiten in dir, die ständig in Bewegung sind. Spüre ihr Pulsieren. Denke jetzt an eine Situation, die festgefahren scheint. Vielleicht bist du schon seit langer Zeit unglücklich auf deiner Arbeitsstelle, aber es eröffnet sich einfach keine neue berufliche Chance. Oder es ist eine Beziehung, aus der du schon lange ausbrechen willst, in der du dich aber noch zu abhängig fühlst. Visualisiere die Situation in dir wie eine Blockade aus Stein. Richte deine Aufmerksamkeit wieder auf das Fließen des Wassers um dich herum und das Fließen des Blutes in dir. Spüre, wie der energetische Fluss gegen die Blockade drängt, wie es den Stein nach und nach aushöhlt. Verstärke die Visualisierung, bis du spürst, dass die Blockade bricht. Fühle die Erleichterung, die Weichheit, die Veränderungen und den Fluss der neuen Möglichkeiten. Danke dem Wasser und öffne deine Augen.

Wasser im Buch der Schatten

Widme eine Seite deines Buchs der Schatten dem Element Wasser. Wie hast du die vorangegangene Meditation empfunden? Welche Symbole verbindest du mit diesen Gefühlen? Halte sie in deinem Buch der Schatten fest und verwende sie zum Kreieren von Sigillen, zum Segnen von Gegenständen mit der Kraft des Wassers etc.

Notiere, welche Farben und welche Pflanzen für dich persönlich mit dem Element Wasser verbunden sind. Du kannst nach seinen Eigenschaften Fluss, Weichheit, Emotionalität, einen Bezug zur Unterwelt, zu Träumen und zu Fruchtbarkeit gehen, z. B. Pflanzen, die:

- im oder nah am Wasser wachsen,
- viel Wasser speichern,
- den Schlaf und das Träumen erleichtern,
- Symbole für Liebe und Emotionen sind,
- in Farben von Wasser erstrahlen,
- einen frischen oder wässrigen Duft besitzen.

Halte fest, welche Kristalle du mit dem Element Wasser verbindest. Die Farben, die du mit dem Element Wasser assoziierst, können dir wieder erste Hinweise liefern, dann aber folge deiner Intuition. In welchen Kristallen nimmst du die magischen Eigenschaften des Wassers wahr? Halte dazu einen Kristall in beiden Händen. Fokussiere dich und spüre, ob du in ihm die geistigen Qualitäten des Wasser-Elements wiedererkennst. Auch kannst du hier deine kraftvollsten Rezepte für Mond- und Sonnenwasser festhalten.

Welche Zeitqualität hat das Wasser am stärksten aufgeladen? Wie stand die Sonne? In welcher Phase befand sich der Mond? Welche Kräuter und Kristalle haben sich gegenseitig ergänzt? Schreibe auf, wie das Wasser gewirkt hat.

Magische Symbole & Zeiten

Das magische Symbol für das Element Wasser ist $\triangledown$. Du kannst es zusätzlich oder anstatt deiner eigenen Symbole verwenden.

Die Sternzeichen Krebs ♋, Skorpion ♏ und Fische ♓ werden dem Element Wasser zugeordnet. Du kannst:

- ihre Symbole zusätzlich oder anstatt deiner eigenen Symbole verwenden.
- deine Meditationen, Rituale und Zauber durchführen, wenn die Sonne oder der Mond in diesen Zeichen stehen.
- Die Sonne steht vom 22. Juni bis 23. Juli im Krebs, vom 24. Oktober bis 22. November im Skorpion und vom 19. Februar bis 20. März in den Fischen.
- Der Mond wechselt alle zwei bis drei Tage das Zeichen. Ungefähr alle sieben bis acht Tage steht der Mond in einem Wasser-Zeichen. In welchem Zeichen er an einem bestimmten Tag steht, lässt sich mithilfe eines Mondkalenders ermitteln.
- Einen Zauber zu diesen Zeiten durchzuführen, kann die magische Energie des Wassers verstärken.

❖

Pflanzen & Kristalle

❖

Folgende Pflanzen und Kristalle werden in der Magie mit dem Element Wasser in Verbindung gebracht. Achte trotzdem auf eigene Eingebungen und deine Intuition.

❖

Aloe Vera	Alexandrit
Baldrian	Amazonit
Brombeere	Amethyst
Flieder	Aquamarin
Gurke	Chalcedon
Hyacinthe	Labradorit
Lotus	Mondstein
Passionsblume	
Pfirsich	
Rose	
Schwertlilie	
Trauerweide	

❖

Magie des Wassers

Du kannst Wasser von unterschiedlichen Orten sammeln und sie in lichtundurchlässigen, verschließbaren Behältern aufbewahren, die du beschriftest. Die »Wasserarten« sind mit einer zusätzlichen geistigen Bedeutung aufgeladen, die du für unterschiedliche Rituale nutzen kannst. Da sich in Wasser schnell Bakterien vermehren, solltest du das Wasser aber nicht länger als eine Woche verwenden.

Meerwasser: Mutterschaft, die Tiefen des Unterbewusstseins

Quellwasser und Morgentau: neue Anfänge, Frische, Lebenskraft

Flusswasser: Dinge in Fluss bringen, Kreativität

Schneewasser: Transformation, festgefahrene Situationen oder Sturheit »schmelzen«

Seewasser: Magie, Bezug zu Sagen und den Naturgeistern der Seen

Regenwasser: Fruchtbarkeit, Erfolg, Reinigung

Tränen: emotionale Reinigung und Heilung

Gewitterwasser: Wut, Wille zur Veränderung, plötzliche Erkenntnisse

Reinigung & Schutz

Wasser ist von allen Elementen das, das am stärksten mit Reinigung in Verbindung gebracht wird. Im Alltag kommt Wasser zum Saubermachen ständig zum Einsatz, weil es viele Stoffe auflösen kann. Das passiert, indem sich Wassermoleküle um die Moleküle des Stoffes legen. Nach und nach zieht das Wasser einzelne Teilchen aus ihm heraus und isoliert sie. Genauso reinigt und schützt Wasser auch geistig durch die sanfte Auflösung und Isolation von negativen Bindungen, die bewusst oder unbewusst eingegangen worden sind. Du kannst:

- Raumsprays mit unterschiedlichen Wasserarten anfertigen. Gib je nach Vorliebe Kräuter und wasserfeste Kristalle hinzu.
- Tees mit reinigenden Kräutern wie z. B. Salbei, Minze und Thymian trinken. Benutze hierfür ausschließlich Trinkwasser.
- dem Putzwasser Sonnen- oder Mondwasser beimischen und so deine Wohnung energetisch reinigen.
- Badewasser segnen, indem du einen kurzen Segensspruch darüber sprichst und dreimal gegen den Uhrzeigersinn darin herumrührst.
- visualisieren, wie Duschwasser alles Negative aus deinem Geist spült.

Spiritualität und Emotionen wecken

Wasser besitzt eine schnellere Manifestationsgeschwindigkeit als Erde. Es ist aber auch weniger berechenbar. Ein Resultat kann wie bei einem Dammbruch in dein Leben fluten oder aber langsam wie ein Tropfen einen Stein höhlen, durch einzelne Ereignisse, die aufeinanderfolgen. Wasser wird auf jeden Fall Bewegung in eine Situation bringen und verdrängte Emotionen von allen Beteiligten aus dem Unterbewusstsein an die Oberfläche holen. Durch seine Unberechenbarkeit ist es ratsam, Wasserzauber vor allem innerhalb der eigenen Spiritualität und Emotionalität zu nutzen und weniger auf Ereignisse in der Außenwelt oder auf andere Personen zu richten.

Dieser Zauber kann dir helfen, wenn du in einer Situation feststeckst und es einfach nicht weitergehen will. Führe ihn an sieben aufeinanderfolgenden Tagen, beginnend an einem Schwarzmond durch.

Bringe es in Fluss!

Was du dafür brauchst:
- Zettel und Stift
- eine leere, feuerfeste Schale
- eine mit Fluss- oder Leitungswasser gefüllte Schale
- eine schwarze und eine weiße Kerze
- Kräuter deiner Wahl für das Element Wasser
- Kristalle deiner Wahl für das Element Wasser

Stelle die schwarze Kerze hinter die leere, feuerfeste Schale und entzünde sie. Arrangiere die Kristalle deiner Wahl um die Schale. Komme beim Anblick der Flamme zur Ruhe.

Dann schreibe die Situation, die blockiert scheint, so detailliert wie möglich auf. Wo geht es nicht weiter? Wer oder was ist für die Blockade verantwortlich? Welche negativen Auswirkungen hat die Blockade? Falte den Zettel dreimal und halte ihn in beiden Händen. Sieh die blockierte Situation noch einmal vor dir. Dann sprich folgenden Zauberspruch:

> Bei der Macht des schwarzen Mondes,
> ich breche dich,
> der Weg sei frei,
> ich rufe Öffnung,
> ich rufe Veränderung herbei!

Entzünde den Zettel an der Kerzenflamme und lege ihn in die feuerfeste Schale. Visualisiere, wie alle Blockaden verbrennen und durch die Macht des Schwarzmondes aufgelöst werden. Meditiere eine Weile weiter und lasse die schwarze Kerze so weit wie möglich herunterbrennen. Ersetze sie an dem darauffolgenden Neumond mit einer weißen Kerze.

Fülle die andere Schale mit Fluss- oder Leitungswasser und gib die Kräuter deiner Wahl hinzu. Rühre dreimal darin umher und visualisiere, wie sich die Energien des Wassers und der Kräuter verbinden. Entzünde die weiße Kerze und komme beim Anblick der Flamme zur Ruhe. Visualisiere, wie die Dinge in Fluss kommen und sich bewegen. Wenn du dich bereit fühlst, nimm die Wasserschale und gieße das

Wasser langsam auf die Asche in der leeren Schale. Sprich dabei klar und deutlich folgende Worte:

Ströme, fließe, dränge,
Wasser voller Leben.
Bring Bewegung und bring Regung,
bring das Feste jetzt zum Beben.

Tausche die Schalen aus, dann wiederhole den Vorgang mit dem Zauberspruch dreimal. Entzünde die Kerze über die folgenden fünf Tage erneut und wiederhole diesen Teil des Zaubers. Nachdem du das Wasser am fünften Tag von Schale zu Schale hast fließen lassen, trage das Wasser hinaus und schütte es auf die Erde. Sprich dabei: »So sei es!«.

LUFT

Das magische Element Luft beschreibt den dritten Aggregatzustand, in dem Materie vorkommt – nämlich gasförmig. Im gasförmigen Zustand ist die Bewegungsenergie der Teilchen noch höher als im flüssigen Zustand, sodass sie nicht mehr miteinander verbunden sind, sondern sich frei im Raum verteilen. Sie besitzen den größten Abstand zueinander und stoßen ungeordnet aneinander an. Das Element Luft ist damit ein

Symbol für die **Freiheit des Geistes,** denn Gas nehmen wir kaum als Materie wahr. Luft ist durchsichtig und außer durch Wind kaum zu erfühlen.

Der Atem wurde in vielen Kulturen als »Geist Gottes« betrachtet, also das, was dem menschlichen Körper Bewusstsein verleiht. Im Gegensatz zum Wasser, das die dunkle Dimension des Unterbewusstseins, der Irrationalität und der Intuition versinnbildlicht, ist Luft Symbol für das **Wachbewusstsein.** Luft versinnbildlicht den wachen **Verstand** und die **Gedanken.** Es steht auch für **Sprache** und **Kommunikation,** die hauptsächlich im wachen Zustand erfolgt. Schallwellen breiten sich beim Sprechen über die Luft aus und werden beim Aufprall auf dem Trommelfell des Empfängers interpretiert. Es ist das freieste der Elemente. Es ist ungebunden und strömt in alle Richtungen, genauso wie die Gedanken frei und ungebunden an Materie sind. Noch mehr als Wasser steht es also für **Veränderung, Anpassung** und vor allem auch **Leichtigkeit.** Da der Verstand ständig neue Gedanken formt und vielleicht sogar durch Sprache in die Realität schickt, wird Luft als **aktives, sendendes** oder auch »**männliches**« Element verstanden.

In der Magie nutzt man Luft, um die eigenen Gedanken und Wünsche in die Welt des Geistes zu senden, aber auch um Leichtigkeit und Veränderung in Situationen zu bringen. Luft kann in Zaubern auch helfen, die Kommunikation mit sich selbst und den Mitmenschen zu verbessern und den eigenen Geist zu schärfen und zu öffnen.

Alles ist Schwingung

Komme an der frischen Luft zur Ruhe und schließe deine Augen. Richte deine Aufmerksamkeit auf deinen Atem. Fühle das Hinein- und Hinausströmen der Luft, bis du dich vollkommen entspannst. Jetzt formuliere im Geist eine Intention. Visualisiere, wie die Luft beim Einatmen in deinen Kopf steigt und den Wunsch als Lichtpunkt mitten in deinem Gehirn aktiviert. Beim Ausatmen summe einen Ton. Sieh vor deinem geistigen Auge, wie das Licht deines Wunsches aus diesem Punkt mit den Vibrationen hinausgeschickt wird und die Vibrationen deine Umgebung in Schwingung versetzen. Dein Wunsch bringt deine Realität zum Schwingen. Verstärke diese Visualisierung, bis du an deine Grenze stößt. Dann komme zur Ruhe, bedanke dich bei dem Element Luft und öffne deine Augen.

Luft im Buch der Schatten

Widme eine Seite deines Buchs der Schatten dem Element Luft. Erinnere dich an die Empfindungen während der Luft-Meditation und finde Symbole, die sie widerspiegeln. Halte sie fest und nutze sie zum Kreieren von Sigillen, zum Segnen von Gegenständen mit der Kraft der Luft etc.

Schreibe auf, welche Farben du mit dem Element Luft verbindest. Notiere, welche Pflanzen du mit dem Element Luft assoziierst. Du kannst nach seinen Eigenschaften Leichtigkeit, Veränderung und Stimulierung des Geistes gehen, z. B. Pflanzen:

- deren Pollen durch die Luft schweben,
- die leicht und filigran sind,
- die frisch riechen,
- die das Atmen erleichtern,
- die die Konzentration fördern.

Welche Kristalle verbindest du, von den Farben abgeleitet, mit dem Element Luft? In welchen Kristallen spürst du zusätzlich die magischen Eigenschaften der Luft? Halte einen Kristall in beiden Händen und konzentriere dich auf seine Energie. Spüre, ob du in ihr die Gefühle, Gedanken und Eindrücke aus der Luft-Meditation wiedererkennst.

Magische Symbole & Zeiten

Das magische Symbol für das Element Luft ist △. Du kannst es zusätzlich oder anstatt deiner eigenen Symbole verwenden.

Die Sternzeichen Zwillinge ♊, Waage ♎ und Wassermann ♒ werden dem Element Luft zugeordnet. Du kannst:

- ihre Symbole zusätzlich oder anstatt deiner eigenen Symbole verwenden.
- deine Meditationen, Rituale und Zauber durchführen, wenn die Sonne oder der Mond in diesen Zeichen stehen.
- Die Sonne steht vom 21. Mai bis 21. Juni in den Zwillingen, vom 24. September bis 23. Oktober in der Waage und vom 21. Januar bis 19. Februar im Wassermann.
- Der Mond wechselt alle zwei bis drei Tage das Zeichen. Ungefähr alle sieben bis acht Tage steht der Mond in einem Luft-Zeichen. In welchem Zeichen er an einem bestimmten Tag steht, lässt sich mithilfe eines Mondkalenders ermitteln.
- Einen Zauber zu diesen Zeiten durchzuführen, kann die magische Energie der Luft verstärken.

❖

Pflanzen & Kristalle

❖

Folgende Pflanzen und Kristalle werden in vielen Hexen-Traditionen mit dem Element Luft in Verbindung gebracht. Achte trotzdem auf eigene Eingebungen und deine Intuition. Wie bei allen magischen Praktiken solltest du dich nicht nur auf Listen verlassen, sondern auf deine Intuition bei der Verbindung zu Pflanzen und Kristallen achten.

Ahorn	Bergkristall
Espe	Beryll
Lavendel	Lapislazuli
Löwenzahn	Rauchquarz
Majoran	Saphir
Pappel	Topaz
Pfefferminze	
Thymian	
Zitronenmelisse	

Die Magie des Elementes Luft

Bei dem Element Luft ist es natürlich nicht möglich, verschiedene »Luft-arten« in Behältern zu sammeln. Es ist aber sehr wohl möglich, eine Räuchersammlung anzulegen und Räuchermischungen für verschiedene Intentionen zuzubereiten. Indem man Pflanzenteile verräuchert, verbindet man die individuelle Energie der Pflanze mit dem Luft-Element und transformiert Materie zu Geist. Diese geistige Energie kann genutzt werden, um einen Raum, ein Objekt oder sich selbst zu **segnen**, zu **reinigen** und zu **schützen**. Du kannst die Energien der übrigen Elemente durch Pflanzen und Harze mit dem Luft-Element verbinden und deiner Räucherung eine neue Qualität geben.

Für deine persönlichen Räucherungen solltest du folgendermaßen vorgehen:

- Zum Räuchern brauchst du eine feuerfeste Schale, am besten aus Keramik, Stein oder Gusseisen, etwas Sand oder Erde, Räucherkohle und eine Zange.
- Gib den Sand in die Schale, dann entzünde die Räucherkohle am besten an der frischen Luft und lege sie auf den Sand. Lasse sie draußen vollständig durchglühen, bis sie weiß und nicht mehr schwarz ist.
- Jetzt gib die getrockneten Kräuter deiner Wahl auf die Kohle und genieße deine Räucherung.
- Du kannst eine Feder zum Wedeln und als zusätzliches Symbol für das Luft-Element benutzen.

Räuchermischungen

Die einzelnen Zutaten der folgenden Räuchermischungen kannst du zu jeweils einem Drittel zusammenfügen. Möchtest du die Energie einer bestimmten Zutat verstärken, gib mehr von ihr hinzu. Du findest viele der Kräuter in öffentlichen Parks oder am Wegesrand.

Good Vibes
Kamille, Orangenschalen, Thymian

Glück in der Liebe
Apfelschalen, Katzenminze, Rosenblätter

Reinigung
Rosmarin, Salbei, Wacholder

Schutz
Gewürznelke, Myrrhe, Weihrauch

Klarer Kopf
Pfefferminze, Rosmarin, Thymian

Harmonie
Lavendel, Dill, Zitronenmelisse

Kleine Wünsche erfüllen

Luft besitzt eine schnelle Manifestationsgeschwindigkeit. Das Resultat kann durch die luftige Qualität aber instabil und flüchtig sein, wenn in einem Zauber kein festes Fundament, z.B. durch das Erd-Element gelegt wurde. Reine Luftzauber eignen sich daher für kleinere Wunscherfüllungen, deren Resultat nicht permanent sein muss, wie z.B. für ein Gespräch, das gut laufen soll, oder für eine Prüfung, in der man sich Konzentration wünscht. Hat man in einem Ritual aber durch die anderen Elemente Grundlagenarbeit für eine Situation geleistet, hilft der Einsatz des Luft-Elements, die Intention in die Welt des Geistes zu schicken, wo sie weiterwirken kann.

Vielleicht hast du einen kleinen Wunsch, der keine tiefere, lebensverändernde Intention darstellt, sondern dein Leben nur etwas bereichern soll – z.B. eine Begegnung mit einem bestimmten Menschen, eine gute Nachricht oder ein kleines Geschenk. Das Luftelement eignet sich besonders für diese Art von Wunscherfüllungen.

Ein Wunsch wird wahr …

Was du dafür brauchst:
- eine Räucherung mit Orangenschale und Sternanis
- fünf gelbe Kerzen
- Zettel und Stift

Schreibe deinen Wunsch auf und fertige aus den Buchstaben und den magischen Symbolen deiner Wahl eine Sigille an. Stelle die fünf Kerzen an die fünf gedachten Spitzen eines Pentagramms um die Räucherschale herum. Entzünde die Kerzen und die Räucherkohle. Komme zur Ruhe und konzentriere dich auf deinen Wunsch. Visualisiere, wie er sich erfüllt. Gib Sternanis und Orangenschale auf die Kohle. Halte die Sigille in den Rauch und sprich oder singe dabei folgenden Zauberspruch:

**Hinauf zum Geist auf leichten Schwingen,
mit der Macht der Luft wird es gelingen.**

Wiederhole ihn, während du visualisierst, wie er mit dem Rauch in die Geistwelt aufsteigt, um sich zu manifestieren. Zum Schluss lege die Sigille auf die Räucherkohle, sodass sie ebenfalls verräuchert wird. Ziehe über den Kerzen mit dem Zeigefinger deiner dominanten Hand ein Pentagramm und sprich dabei: »So sei es!«.

FEUER

Feuer beschreibt als magisches Element ein Höchstmaß an freigesetzter **Energie**. Es kann als der vierte Aggregatzustand verstanden werden, in dem Materie vorkommt – als Plasma. Wird Materie, egal welcher Art, auf extrem hohe Temperaturen erhitzt, zerfallen die Atome in positive Ionen und negative Elektronen. Das dabei entstehende ionisierte Gas ist elektrisch leitfähig. Feuer, Blitze und die schimmernden Polarlichter sind Beispiele für die Leuchtkraft von Plasma. Diese Energie der **Hitze** und des **Lichtes** steht in der Magie für die **Kraft des Willens**, die **Fähigkeit der Erschaffung der Wirklichkeit**, die dem höheren Ich und damit dem göttlichen Geist entstammt.

Der sogenannte »absolute Nullpunkt« beschreibt in der Physik eine Temperatur von rund minus 273 Grad Celsius, bei der jede atomare Bewegung erstarrt. Je wärmer es wird, desto mehr bewegen sich die Atome. Elemente können sich verbinden und zu Molekülen werden. Aus diesen wiederum können sich die Bausteine des Lebens zusammensetzen. Das Element Feuer ist daher Symbol für den **Lebensfunken**. Doch wie auch das Element Erde besitzt Feuer zwei Seiten. Feuer kann Leben schenken, aber es kann auch zerstören. Feuer verbrennt, kann schmerzen und den **Tod** bringen. Doch der Tod ist nicht das Ende, sondern nur eine Etappe der **Transformation**. Verbrennt man Materie, hört sie nicht einfach auf zu existieren. Sie wandelt nur ihre Form. Feuer wandelt Dinge um. Nach Erde, Wasser und Luft ist es das energiereichste magische Element. Es wird als **aktives, sendendes** oder auch »**männliches**« Element verstanden, da von ihm Licht und Hitze ausgehen.

In der Magie nutzt man das Element Feuer, um den eigenen Willen mit so viel Energie wie möglich hinauszusenden, sodass er von der Realität empfangen und manifestiert werden kann. Feuer kann eingesetzt werden, um Licht in eine Sache zu bringen, um Negatives mit der Macht des Todes zu bannen oder um sie mit hoher Geschwindigkeit so zu transformieren, dass sie dem höchsten Wohl dient.

Das Feuer des Willens

Entzünde eine Kerze und nimm vor ihr eine entspannte Haltung ein. Komme mit einigen Atemzügen zur Ruhe. Richte deine Aufmerksamkeit auf den Raum über deinem Kopf. Fühle den Willen, dein Leben nach deinen Vorstellungen zu gestalten. Spüre, wie sein Licht, sein Feuer und seine Macht auf dich herabscheinen. Visualisiere, wie das Feuer in deinen Kopf und in deine Hände strömt. Reibe deine Hände schnell aneinander, dann halte sie mit den Flächen zu beiden Seiten der Flamme. Spüre das Prickeln und die Spannung zwischen ihnen. Visualisiere den Fluss des Feuers deines Willens aus deinen Händen in die Flamme und erhalte den Strom aufrecht, während du das Licht und die Hitze der Flamme wahrnimmst. Sieh das Feuer deinen Willen in die Welt hinaustragen und sie verändern. Danke dem Feuer, dann zieh deine Energie zurück und beende die Meditation.

Feuer im Buch der Schatten

Widme eine Seite deines Buchs der Schatten dem Element Feuer. Finde Bilder oder Symbole für deine Empfindungen aus der Feuer-Meditation. Halte sie fest und nutze sie, um sie z. B. für die Anfertigung von Sigillen, zum Segnen von Gegenständen mit der Kraft des Feuers etc. zu benutzen. Schreibe auf, welche Farben du mit dem Element Feuer verbindest. Welche Pflanzen verbindest du persönlich mit dem Element Feuer? Du kannst nach seinen Eigenschaften Energie, Hitze, Licht und Tod und Transformation gehen, z. B. Pflanzen, die:

- viel Energie zur Verfügung stellen,
- scharf schmecken,

- die auf der Haut brennen,
- die in der prallen Sonne oder nur im Sommer wachsen,
- die in Feuerfarben erstrahlen,
- giftig sind.

Halte fest, welche Kristalle du mit dem Element Feuer verbindest. Die Farben des Feuers können dir die Richtung weisen, jedoch gibt es z. B. auch Kristalle, die aus Lavagestein entstehen, das einen Bezug zum Feuer hat. Folge aber auch hier deiner Intuition, indem du einen Kristall in beiden Händen hältst, dich auf seine Ausstrahlung konzentrierst und spürst, ob du die Gefühle, Gedanken und Eindrücke aus der Feuer-Meditation wiedererkennst.

Magische Symbole & Zeiten

Das magische Symbol für das Element Feuer ist $\triangle$. Du kannst es zusätzlich oder anstatt deiner eigenen Symbole verwenden.

Die Sternzeichen Widder Υ, Löwe Ω, und Schütze $\nearrow$ werden dem Element Feuer zugeordnet. Du kannst:
- deine Meditationen, Rituale und Zauber durchführen, wenn die Sonne oder der Mond in diesen Zeichen stehen.
- Die Sonne steht vom 21. März bis 20. April im Widder, vom 23. Juli bis 23. August im Löwen und vom 23. November bis 21. Dezember im Schützen.
- Der Mond wechselt alle zwei bis drei Tage das Zeichen. Ungefähr alle sieben bis acht Tage steht der Mond in einem Feuer-Zeichen.

In welchem Zeichen er an einem bestimmten Tag steht, lässt sich mithilfe eines Mondkalenders ermitteln.

- Einen Zauber zu diesen Zeiten durchzuführen, kann die magische Energie des Feuers verstärken.

Pflanzen & Kristalle

Folgende Pflanzen und Kristalle werden in vielen Hexen-Traditionen mit dem Element Feuer in Verbindung gebracht. Achte trotzdem auf eigene Eingebungen und deine Intuition.

Brennnessel	Granat
Chili	Feuerachat
Distel	Feuerstein
Drachenblut	Jaspis
Gewürznelken	Obsidian
Ingwer	Opal
Pfeffer	Rubin
Sternanis	
Zimt	

Kerzenzauber und Räuchern

Wie beim Element Luft ist es bei Feuer unmöglich, unterschiedliche
»Feuerarten« zu sammeln und für eine spätere Benutzung zu konser-
vieren. Da Feuer in der Magie aber oft in Kerzenzaubern zum Einsatz
kommt, kann eine zur Intention passende Kerzenfarbe ausgewählt werden. Du kannst bei der Wahl nach deinem Bauchgefühl gehen oder
nach den traditionellen Zuschreibungen der Farben:

Schwarz: Bannen, Tod, Transformation, Macht, Schutz durch Unsichtbarkeit

Weiß: Segen, Reinheit, Schutz durch Licht

Rot: Leben, Energie, Liebe, Leidenschaft

Orange: Positivität, Erfolg

Gelb: Finanzen, neue Ideen

Grün: Fruchtbarkeit, Wachstum, Gesundheit

Blau: Verstand, Kommunikation

Violett: Spiritualität, Intuition, Magie

Rosa: Nächstenliebe, Sanftheit, Verliebtheit

Nutze für einen Zauber am besten durchgefärbte Kerzen, um die volle Bedeutung der Farbe mit der Kraft des Feuers zu verbinden.

Reinigung & Schutz

So wie Erde bzw. Salz in Verbindung mit Wasser oft zum energetischen Reinigen und Schützen von Räumen, Objekten und sich selbst genutzt wird, wird Feuer in Verbindung mit Luft genutzt, nämlich durch Räucherungen. Feuer kann aber auch alleine dazu genutzt werden, indem man Kerzen in passenden Farben entzündet und visualisiert, wie das Feuer alles Negative verbrennt und transformiert.

Erschaffung und Zerstörung

Feuer besitzt die schnellste Manifestationsgeschwindigkeit, aber auch die gefährlichste, denn in ihm liegen Erschaffung und Zerstörung dicht beieinander. Eine Intention kann durch einen Feuerzauber zwar überraschend schnell Realität werden, aber evtl. müssen dafür größere Opfer als angenommen gebracht werden. Vielleicht verbrennst du in einem Ritual den aufgeschriebenen Wunsch nach einer neuen Wohnung und schickst ihn somit in die Geistwelt. Daraufhin wirst du plötzlich aus deiner derzeitigen Wohnung geworfen, stehst auf der Straße und bist gezwungen, innerhalb weniger Tage eine neue Bleibe zu finden. Der Zauber wird dir zwar die Möglichkeit dazu schenken, aber etwas weniger Stress wäre durch einen geerdeteren Zauber sicher besser gewesen. Deswegen ist es ratsam, Feuer durchdacht und immer in Verbindung mit den anderen Elementen einzusetzen.

Hast du ein großes Vorhaben, eine lebensverändernde Intention, für die du Schattenarbeit durchgeführt hast, und weißt, dass das der absolut richtige Weg für dich ist, kann dir dieser Zauber zum Erfolg verhelfen. Gerade bei solch wichtigen Entscheidungen scheinen sich aus verschiedenen Gründen Widerstände von allen Seiten aufzutun. Dieser Zauber bahnt ihnen zum Trotz mit Feuer einen Weg für deinen Willen. Führe ihn bei Vollmond durch. Sorge für eine ausreichende Belüftung und achte darauf, dass um die Utensilien herum nichts Feuer fangen kann.

Wo ein Wille ist…

Was du dafür brauchst:

- zwei rote Kerzen
- zwei Schalen mit Erde
- drei rote Bindfäden, ca. dreißig Zentimeter lang
- eine feuerfeste Schale
- Öl mit eingelegten Feuer-Kräutern, z.B. Brennnessel, Sternanis, Zimt (Pfeffer, Chili o.Ä. sollten nicht benutzt werden, weil sie die Atemwege beim Verbrennen stark reizen!)
- Zettel und Stift
- ggf. Kristalle für das Feuer-Element, z.B. Feuerachat, Jaspis, Opal

Schreibe deine Intention auf, forme aus ihr eine Sigille, die du auf ein eigenes Stück Papier überträgst. Ritze sie in die Kerzen, die du ca. fünfzig Zentimeter voneinander entfernt in die Schalen mit Erde stellst und entzündest. In ihre Mitte platziere die feuerfeste Schale und neben die Schale ggf. die Feuer-Kristalle. Komme beim Anblick der Flammen zur Ruhe. Nimm die drei roten Bindfäden und beginne, sie langsam zu flechten, während du folgenden Zauberspruch sprichst oder singst:

Mein Wille geschehe,
so soll es sein,
Feuer bahne den Weg,
durch den Flammenschein.

Visualisiere dabei dein Ziel. Verknote die Enden und lege das geflochtene Band in das Kräuteröl, sodass es sich vollsaugt. Dann knote ein Ende um die Sigille auf dem Papier. Lege Band und Papier in die feuerfeste Schale und zünde das andere Ende des Bandes an. Während es brennt, sprich oder singe den Zauberspruch weiter und visualisiere in dem Feuer, wie dein Wille einen Weg für deine Intention bahnt. Ist alles verbrannt, sprich: »So sei es!« und puste die Kerzen aus.

DAS PENTAGRAMM

Das Pentagramm spielt seit der Antike eine wichtige Rolle in Kulten und magischen Praktiken. Abbildungen finden sich schon 3000 v. Chr. in Mesopotamien als Symbol der Göttin Inanna, die mit dem Planeten Venus identifiziert wurde. Es beschreibt, von der Erde aus betrachtet, die Konjunktionspunkte zwischen Venus und Sonne.

Bei den alten Griechen war es als Symbol für Gesundheit bekannt und veranschaulichte den Goldenen Schnitt, ein als besonders harmonisch empfundenes mathematisches Teilungsverhältnis von Strecken. Es wurde zudem als Kreislauf des Lebens betrachtet, weil es in einem Zug gezeichnet werden kann.

Im Mittelalter diente es als »Drudenfuß« als Schutzsymbol gegen dunkle Mächte. »Druden« waren böse Geister, die Alpträume auslösten. Dazu wurde ein **Pentakel**, ein Pentagramm, das von einem Kreis umgeben ist, auf eine seiner Spitzen gestellt. Weitere Interpretationen

schrieben den fünf Zacken unterschiedliche Kräfte und Tugenden zu. So stehen sie in der Freimaurer-Symbolik für Klugheit, Gerechtigkeit, Fleiß, Stärke und Mäßigung. In vielen okkulten Strömungen findet sich die Entsprechung zum Äther und den vier Himmelsrichtungen. Die heute für Hexen bekannteste ist die Zuordnung zu den vier Elementen und dem Geist. Die obere Spitze symbolisiert den Geist, der sich über das Feuer bzw. den Willen, die Luft bzw. den Verstand, das Wasser bzw. das Unbewusste in der Erde bzw. dem Körper manifestiert. Es stellt damit Verbindung, Erschaffung und Einheit dar, was es zu einem Abbild der Magie selbst macht. Genau das macht es für Hexen besonders machtvoll. Für die größtmögliche Wirkung sollten in einem Zauber die vier Elemente mit dem Geist – der Intention – verbunden werden. Ein Pentagramm bzw. ein Pentakel kann diese Einheit zusätzlich symbolisieren und in Sigillen integriert oder in Kerzen geritzt werden, als Unterlage in Form einer Decke dienen oder durch Kräuter, Kristalle und Kerzen dargestellt werden.

Spüre die
mächtigen Wesen
der Natur

KONTAKT ZU EINER ANDEREN WELT

Geist durchdringt die gesamte Materie. Bäume, Pflanzen, Flüsse, Ozeane, Winde, Feuer, Felsen, Berge, Wälder, Tiere, die Planeten, Sterne und Galaxien – sie alle bilden eigene Lebensbäume mit Körper, Unbewusstem, Bewusstsein und höherem Ich. So wie es zwischen zwei Menschen möglich ist, Kontakt über das Bewusstsein herzustellen, so ist dies auch mit allen anderen Existenzen möglich. Doch warum überhaupt den Kontakt zu diesen anderen Bewusstseinsformen suchen? Und wie kann man den Austausch mit ihnen in die magische Arbeit integrieren?

Die Natur ist Quelle kraftvoller Magie. Jede Hexe kennt den Unterschied, den es macht, rituell entweder im Zimmer oder draußen unter freiem Himmel zu arbeiten. Sich mit der Erde und dem Kosmos zu verbinden, bedeutet, bewusst Einheit einzugehen und sich selbst näherzukommen.

Hexen binden Erde, Wasser, Luft und Feuer auf unterschiedliche Arten in ihre Zauber ein. Natürlich indem sie auf der physischen Ebene anwesend sind und verbunden werden, z.B. in Form von Kräutern, die verräuchert werden, Wasser, das mit Salz verrührt wird etc. Eine besondere Rolle spielen dabei die chemischen Eigenschaften der Kräuter, die manchmal von der Hexe in den eigenen Körper aufgenommen werden.

Auf der Ebene des Unbewussten wird die geistige Bedeutung, die Symbolhaftigkeit der Elemente, der Werkzeuge und Zutaten in Zaubern eingesetzt. Sie stellt den innersten Kern, die Essenz aller Wesenheiten und Existenzen dar. Sie muss wie ein Gefühl, ein Bild oder eine Qualität durch die eigene Intention gespürt und nicht verstanden werden.

Geht man noch einen Schritt weiter, erreicht man die Ebene des Bewusstseins und damit der Persönlichkeit der Natur und allem, was aus ihr wächst. Hier ist das angesiedelt, was man als Geister oder Geistwesen aller Arten bezeichnen würde. Das Bewusstsein eines Baums oder eines Kristalls ist natürlich nicht mit dem menschlichen Verstand vergleichbar, denn sie besitzen kein Gehirn. Es ist von anderer geistiger Art und doch ist es möglich, es durch das eigene Bewusstsein zu kontaktieren. Viele Hexen setzen ausschließlich den Körper und die Symbolhaftigkeit ihrer Utensilien in Zaubern und Ritualen ein. Es kann jedoch von Vorteil sein, auch die Persönlichkeit und das Bewusstsein miteinzubeziehen. Dadurch kann der magischen Arbeit zusätzliche Tiefe und Wirksamkeit verliehen werden, und man erhält einen Einblick in die genaue geistige Wirkweise der Zutaten.

Und zu guter Letzt fordert Hexerei immer einen Preis – nämlich Energie. Das ist kein großes Geheimnis, denn auch im Alltag erfordert jedes Vorhaben, egal welcher Art, Energie. In der Magie sind es die Schattenarbeit, Meditationen, Visualisierungen und ganze Zauber und Rituale, in denen du deine eigene Energie einsetzt, denn all das erfordert Konzentration und ein Höchstmaß an Fokussierung. Jede Person, die magisch tätig ist, weiß, wie viel Kraft für die Hexerei notwendig ist. Aber so wie wir im Alltag nicht immer alles alleine machen müssen, sondern unsere Mitmenschen um Hilfe bitten können, gibt es in der Magie die Möglichkeit, andere Geistwesen um Unterstützung zu bitten.

Die Geister des Himmels, der Erde, der Natur, der Tiere und auch die der Verstorbenen besitzen viel geistige Energie, die sie einem zur Verfügung stellen können. Als meist ältere und erfahrenere Wesen findet man bei ihnen Führung und Rat, wenn man nicht mehr weiterweiß. Wichtig ist dabei zu beachten, dass nur das Eine allmächtig, allgegenwärtig und allwissend ist. Seine einzelnen Teile und Geistwesen besitzen immer nur einen begrenzten Herrschaftsbereich. Sie sind oft an ihre Körper bzw. ihren Aufenthaltsort gebunden und besitzen zwar mehr Weisheit und Kraft als ein Mensch, wissen und können aber nicht alles.

In den wenigsten Fällen sind andere Geistwesen dienstbare Geister. Sie stehen dir nicht als Arbeitskräfte für deine Vorhaben zur Verfügung, sondern sind genau wie andere Menschen eigenständige Persönlichkeiten, die du kennenlernen und mit denen du im besten Fall eine Freundschaft eingehen darfst. Genau wie du besitzen sie ein höheres Ich, das Teil des göttlichen Geistes ist und eine Berufung besitzt. Sie befinden sich im Prozess des Aufstiegs. Eure Wege mögen sich kreuzen und vielleicht werdet ihr ein Stück weit gemeinsam gehen, jedoch halte nicht an ihnen fest, wenn es Zeit ist, Abschied zu nehmen.

LICHTVOLLER SCHUTZ

Die meisten Geistwesen sind dem Menschen gegenüber neutral eingestellt. Da jeder Geist aber immer eine ganz individuelle Energie besitzt, die evtl. nicht immer zu der eigenen Energie passt und eine negative Auswirkung haben kann, ist es ratsam, vor der Kontaktaufnahme einen Schutz aufzubauen. Dieser Schutz kann aus einer einfachen Lichtvisualisierung bestehen, so wie du sie im Kapitel über das Eine gelernt hast. Komme dazu mit einer Atemmeditation zur Ruhe. Dann fühle tief in dein Herz. Empfinde Liebe für dich, für die Natur, die Geistwelt und das gesamte Universum. Verleihe dieser Liebe visualisiert eine Farbe. Dann breite das farbige Licht aus deinem Herzen wie eine Kugel aus, die dich umgibt. Die Liebe wird dich schützen und ist gleichzeitig dein energetisches »Lächeln« an die Geistwelt, das signalisiert, dass du mit guten Absichten kommst. Baust du mit der Zeit eine Beziehung zu deinen Geistwesen auf, kannst du sie für folgende Zauber und Rituale um ihren Schutz bitten.

VON GEIST ZU GEIST

Die Kommunikation geschieht genauso wie bei deinem Verstand mit deinem höheren Ich: von Geist zu Geist – als Beten. Um dich mit einem speziellen Geistwesen zu verbinden, kann es hilfreich sein, dich auf ein Abbild von ihm zu konzentrieren oder seinen Aufenthaltsort in der Natur aufzusuchen. Nach deiner Schutzmeditation konzentriere dich auf die Präsenz des Geistes. Sei offen für intuitive Eindrücke zu seinem Wesen und seiner Persönlichkeit. Ist er alt oder jung? Schüchtern oder vorlaut? Voller Tatendrang oder eher still und weise? Eher männlich oder eher weiblich? Vielleicht bekommst du sogar Eindrücke von seinem Aussehen und einen Namen.

Die Herausforderung besteht darin, den rationalen Verstand zunächst in den Hintergrund zu stellen. Du wirst wahrscheinlich mit dem Gedanken kämpfen, dass alles nur ausgedacht und eingebildet ist. Statt dich aber gegen diesen Gedanken zu wehren, nimm ihn an und spiele mit ihm. So nimmst du ihm seine hemmende Macht. Denke dir willentlich ausgeschmückte Details aus. Gib allen deinen Gedanken freien Raum. Dein Geist ist Schöpfungskraft deiner Realität, deswegen gibt es in der Magie keine »unechten« Bilder oder Eindrücke. Die Kunst ist, durch die eigene Imagination so tief zu kommen, dass deine Intuition statt deines Verstandes die Kontrolle übernimmt und die Bilder anfangen, von ganz alleine zu fließen. In diesem Zustand bist du offen für Informationen von außen. Bis dahin aber schenke dir die Freiheit der Kreativität. Wenn du die Präsenz des Geistes klar spürst, stelle dich über deinen Verstand vor, entweder in Gedanken oder laut. Gib deinem Wunsch nach Kontakt Ausdruck und frage, ob der Geist dazu bereit ist.

Dann achte wieder auf dein Bauchgefühl. Ist es positiv, fahre fort. Ist es negativ, bedanke dich und breche die Kontaktaufnahme ab. Fährst du fort, teile dem Geist alles mit, was du möchtest, und achte auf Eindrücke, die du als Antworten erhältst.

Ist dir diese intuitive Arbeit nicht klar genug, kannst du eine Orakelmethode zur Kommunikation verwenden, z. B. Pendeln oder Kartenlegen. Bist du dir zum Schluss noch unsicher und wünschst dir eine Bestätigung für deine Eindrücke oder die Orakelantworten, bitte den Geist um weitere Zeichen in der folgenden Zeit. Diese können sich als Träume manifestieren, in denen du Botschaften und Bilder erhältst oder aber im Alltag begegnen dir immer wieder Symbole des Geistes in der Umwelt, in Gesprächen oder in den Medien. Sei nach deiner Bitte offen für die vielen möglichen Wege einer Antwort.

Opfergaben – Zeichen der Freundschaft

Opfergaben an Geistwesen stellen Energie für deine Vorhaben bereit und sind ein Zeichen deiner Freundschaft und Dankbarkeit. Opfergaben bestehen meist aus Früchten, Gebäck und Getränken. Aber auch Kerzen und Räucherungen zählen als Opfergaben. Welche Opfergaben angemessen sind, hängt von der Art des Geistwesens ab. Ist es ein verstorbener Ahne, eignen sich Getränke und Speisen, die er zu seinen Lebzeiten auf der Erde gerne hatte. Ist es eine Gottheit, recherchiere, was ihr traditionell geopfert wurde. Ist es ein Windgeist, eignet sich evtl. eine Räucherung. Eine Opfergabe ist besonders dann zu erbringen, wenn du vorher von dem Geist etwas erhalten hast. Das kann eine Antwort oder geistige Führung sein, aber auch etwas ganz Praktisches. Je nach Art des

Geistes ist es ratsam, den ersten Kontakt zunächst ohne Opfergaben zu suchen. Zu früh zu viel Energie zu verschenken, kann dazu führen, dass der jeweilige Geist nur an dieser interessiert ist und weniger an einer echten Freundschaft. Dann wird er dir zwar bei deinen Vorhaben helfen, entzieht seine Unterstützung jedoch, sobald nicht mehr regelmäßig geopfert wird, was zu einer ungesunden Abhängigkeit führen kann. Lerne den Geist also richtig kennen.

Aus Kulten von überall auf der Welt ist zudem eine wichtige Regel bekannt: Hast du eine Opfergabe dargebracht und den Kontakt beendet, drehe dich nicht um, wenn du den Ort verlässt. Manchen Legenden nach drohen ein plötzlicher Tod oder andere Unglücksfälle in deinem Leben. Man findet für diese Regel kaum Erläuterungen, jedoch scheint sie etwas mit Respekt dem Geistwesen gegenüber zu tun zu haben. Wahrscheinlich herrscht die Vorstellung vor, dass, sobald man die Opfergabe übergibt und vollkommen loslässt, das jeweilige Geistwesen die Energie aufnimmt. Dreht man sich um, signalisiert das, dass man die Opfergabe eben nicht ganz losgelassen hat. Opferst du in deiner Wohnung, ist es ratsam, das Zimmer danach für eine Weile zu verlassen und die Tür hinter dir zu schließen.

NATURGEISTER

In vielen Mythologien, Märchen und Legenden von überall auf der Welt wird immer wieder von Wesenheiten berichtet, die das Bewusstsein der Erde in Bäumen, Kräutern, Hainen, Grotten, Bergen, heiligen Seen und mächtigen Winden verkörpern. Am stärksten wurde die westliche Vorstellung von den alten Griechen geprägt. Sie kannten die *Nymphen* als göttliche weibliche Geister, die die Natur beseelten. So glaubten sie, dass die Götter jede Person bestraften, die einen Baum ohne vorherige Anrufung der jeweiligen *Dryade*, der Nymphe des Baums, verletzte oder gar fällte. Die *Najaden* beseelten als Nymphen Süßgewässer aller Art, die *Nereiden* und *Okeaniden* den Ozean, die *Oreaden* Berge und Höhlen. Die *Anemoi* waren die göttlichen Geister der Winde aus den verschiedenen Himmelsrichtungen. Und auch heute noch sind in den verschiedenen Kulturen Europas Wassernixen und Wassermänner, Feld-, Baum- und Waldgeister bekannt. Ein Beispiel dafür ist der Glaube, dass der Holunder einen Hexengeist beherbergt, weswegen er nicht gefällt werden darf. Da der Einsatz von Kräutern, Blumen, Harzen und Wasser unterschiedlicher Herkunft in der Magie eine tragende Rolle spielt, solltest du nach den physikalischen und symbolhaften Eigenschaften der Zutaten auch ihre Geister, ihr Bewusstsein, kennenlernen. In einem engen Austausch durch Meditation und Visualisierung kannst du so herausfinden, ob die Energien deiner erwünschten Zutaten wirklich zu deiner

Intention passen. Im Falle von Pflanzenteilen und Wasser aus Gewässern solltest du die jeweiligen Geistwesen immer um Erlaubnis fragen, Teile ihres Körpers mitnehmen zu dürfen. Erhältst du sie, solltest du als Dank die Energie in Form einer Opfergabe zurückgeben. Traditionell werden Naturgeistern (Pflanzen-)Milch und Gebäck dargebracht. Aber auch Kerzen werden gerne angenommen. Näherst du dich einem Pflanzengeist, eignen sich besonders Mond- bzw. Sonnenwasser und Früchte, die später auf seiner Erde kompostieren. Von Wassergeistern wird gesagt, dass sie gerne Münzen und funkelnde Steine annehmen. Luft- und Feuergeistern kannst du Räucherungen und Kerzen darbringen.

ELEMENTARGEISTER

Wie man sieht, besitzen all diese Naturgeister eine enge Verbindung zu den vier Elementen. Der Schweizer Naturphilosoph, Alchemist und Arzt Paracelsus versuchte 1566 in seinem Werk *Liber de nymphis, sylphis, pygmaeis et salamandris, et de caeteris spiritibus,* eine Systematik der Naturgeister anzulegen. Dazu teilte er die Naturgeister in vier Arten den vier Elementen nach ein. *Nymphen* bezeichneten bei ihm nach griechischem Vorbild Wassergeister, *Sylphen* Luftgeister, *Pygmäen* bzw. *Gnome* Erdgeister und *Salamander* bezeichneten Feuergeister. Als solche verstand er sie als **Elementargeister**, als Geister der Elemente selbst. Sie stellten damit noch ursprünglichere Energien als die einzelnen Persönlichkeiten von unterschiedlichen Pflanzen dar, so wie die Griechen die Naturgeister verstanden. Heutzutage fällt auf, dass die Arbeit mit Luft- und Feuergeistern in der angewandten Magie seltener vorkommt, was daran liegen mag, dass insbesondere Luft nur schwer als einzelne Einheit vorstellbar ist, außer man betrachtet die Winde als eigene Einheiten, wie die alten Griechen es taten. Im Gegensatz dazu bildet ein Feuer sehr wohl eine Einheit, das Problem ist jedoch, dass es keine zeitliche Kontinuität besitzt. Hier ist es hilfreich, sich an Paracelsus zu halten und Luft- und Feuergeister als die Geister der jeweiligen ewigen Elemente statt als die individuelle Persönlichkeit einer Flamme oder eines Lufthauchs zu betrachten.

ELFEN UND FEEN

Neben diesen Vorstellungen gab und gibt es heute noch in vielen europäischen Kulturen den Glauben an **Elfen** und **Feen**. Oft werden Elfen mit ihren Flügeln als Elementargeister der Luft interpretiert, jedoch deutet die Mythologie der keltisch geprägten Völker Großbritanniens wie auch die nordische Mythologie darauf hin, dass Elfen und Feen eine eigene geistige Spezies darstellen. In der nordischen Mythologie bilden die *Elben* neben den Göttern, den Riesen und den Menschen ein eigenes Geschlecht. Die *Sidhe* oder *Fae* der irischen Mythologie stellte man sich als übernatürliches Volk vor, das Irland vor der Ankunft der Menschen besiedelte und dann durch Kriege unter die Erde gedrängt wurde. Da sich in den Sagen dieses Motiv der Naturverbundenheit der Elfen und Feen wiederholt, werden sie ebenfalls zu den Naturgeistern gezählt. Man soll sie an heiligen Quellen und in Hainen oder eben wie in Irland in Hügeln und alten Bäumen wie dem Weißdorn finden. Sie sollen von überirdischer Schönheit, dem Menschen aber nicht immer wohlgesonnen sein. Es wird gesagt, dass es äußerst gefährlich sei, diese Orte ohne ihre Erlaubnis zu betreten oder, schlimmer noch, zu beschädigen. Generell herrscht die Annahme vor, dass sie dem Menschen eher feindselig gegenüber eingestellt sind und durch kleine Opfergaben wie Milch und Gebäck gnädig gestimmt werden müssen. Genau deswegen wird beispielsweise in Irland oder auch in Island vor dem Bau eines Gebäudes untersucht, ob Elfen dort sesshaft sind, um sie nicht zu verärgern, was im schlimmsten Fall zu Unfällen und Todesfällen der in ihr Territorium eindringenden Menschen führen kann. Ihre Welt ist weiter entfernt von der Welt der Menschen als die der klassischen Naturgeister, weil wir hier die »Körper« der Geister – Bäume, Gewässer, Felsen etc. – als Kontaktpunkt haben. Bei den Elfen und Feen scheint es diese physischen Kontaktpunkte in der Natur auch zu geben, jedoch sind sie eher **Wohnort** als Körper. Sie zählen damit zu den **territorialen Geistern**.

Die Elfen- und Feenmagie ist die wohl anspruchsvollste Art der Magie, da diese Wesen und ihre Intentionen nur sehr schwer einschätzbar sind. Beginnen kann man, indem man sich bewusst durch Meditationen mit den Geistern des eigenen Wohnortes verbindet. Oder aber man hat einen **Kraftort** in der Natur, den man schon länger nutzt, um sich zu verbinden. Kraftorte erkennst du daran, dass du dich dort ganz von selbst entspannst, spirituell öffnest und fühlst, wie sie dich mit Energie versorgen. Oft sind es natürliche Quellen, Waldlichtungen, alte Kultplätze u. Ä.

Geht der Erstkontakt gut aus, kann er weiter gepflegt werden und man kann um Schutz und Segen bitten. Von Elfen wird je nach Art gesagt,

dass sie – wenn man ihnen einmal Opfergaben darbringt – darauf bestehen, weiterhin Geschenke zu erhalten. Tut man dies nicht, können sie
sich durch Unfälle und Pechsträhnen im Leben des Menschen rächen.

NATURGEISTER IM BUCH DER SCHATTEN

Widme eine Seite deines Buchs der Schatten den Naturgeistern. Zu
welchen Bäumen, Kräutern und Gewässern fühlst du dich besonders
hingezogen? Was genau fühlst du, wenn du in ihrer Nähe bist? Frieden,
Aufregung, Verbindung, Magie?

Notiere dir, zu welchen Orten in der Natur du dich hingezogen
fühlst. Vielleicht ist es ein besonders schöner Platz im Wald, am Meer
oder in den Bergen. Beschreibe auch hier wieder deine Gefühle so klar
wie möglich.

NATURORAKEL

Möchtest du in der Kommunikation mit Naturgeistern Orakel verwenden, kannst du sie auf das jeweilige Element abstimmen:

1. Erde

Sammle zwei in etwa gleich große Zweige von der Erde unterhalb der
Pflanze. Lege vorher fest, welches Wurfmuster für Ja und welches für
Nein steht. Hier einige Beispiele:

Wurfmuster für Ja:

- Wenn die Zweige nach oben und zueinander hinzeigen /\.
- Wenn die Zweige parallel senkrecht liegen ||.

Wurfmuster für Nein:

- Wenn die Zweige nach unten und zueinander hinzeigen \/.
- Wenn sich die Zweige überkreuzen X.
- Wenn die Zweige parallel waagerecht liegen =.

Stelle jetzt deine Frage an den Pflanzengeist und wirf die Zweige. Deute ihr Muster. Nehmen sie ein anderes Muster an, entscheide intuitiv, was es bedeutet.

2. Wasser

Wasser eignet sich durch seine intuitive Natur eher für tiefergehende Fragen als für einfache Ja-nein-Fragen. Stelle dazu deine Frage an den jeweiligen Wassergeist. Schöpfe etwas Wasser mit beiden Händen und lasse es mit intuitiven Bewegungen auf den Boden tropfen. Ein heller ebenmäßiger Boden eignet sich dafür am besten. Deute danach das Bild, das sich dir zeigt, indem du die ersten Eindrücke, ohne zu viel nachzudenken, aufnimmst.

3. Luft

Entzünde an der freien Luft eine Räucherung mit Luft-Kräutern. Entspanne dich und öffne dich. Dann stelle deine Fragen an den Luft-Geist. Konzentriere dich auf den Rauch. Siehst du Bilder in ihm? Deute sie intuitiv. Du kannst z. B. auch ein Channeling ausprobieren. Dabei stellt die Hexe ihre Stimme den Botschaften von Geistwesen zur Verfügung. Spüre in dich hinein und lass dich von deiner Intuition leiten.

4. Feuer

Entzünde eine Kerze. Schreibe in ihrem Schein eine Frage auf ein Stück Papier. Dann stelle sie laut an den Feuer-Geist und entzünde den Zettel an der Flamme. Lege ihn brennend in eine Schale. Betrachte den Rauch. Hier sind einige Deutungsmöglichkeiten zur Rauchentwicklung:

Weißer Rauch: Zustimmung, Bejahung

Schwarzer Rauch: Ablehnung, Verneinung

Starke Rauchentwicklung: energetische Blockaden, Probleme

Ein feiner Rauchfaden, der senkrecht in die Höhe steigt: Alles ist im Fluss, der Weg ist frei.

Unstetige Rauchentwicklung: Unsicherheit, die Antwort steht noch nicht fest, weil die Dinge noch nicht entschieden sind.

Freundschaft schließen

Das folgendes Ritual eignet sich dafür, den Naturgeistern eines Kraftortes ein Freundschaftsangebot zu machen. Das kann zum Beispiel dein Garten sein, dein Balkon, auf dem du Pflanzen ziehst, oder ein Platz im Wald. Führe es in einer Vollmondnacht durch.

Freundschaft mit den Naturgeistern

Was du dafür brauchst:
- fünf grüne Kerzen, ggf. als Windlichter
- Mondwasser
- Sonnenwasser
- einen Bergkristall

Stelle die fünf Kerzen an die gedachten Spitzen eines Pentagramms. Platziere in ihrer Mitte die übrigen Utensilien. Komme jetzt beim Anblick der Kerzen und des Mondes zur Ruhe. Fühle das Leben um dich herum, das Bewusstsein der Pflanzen und der Erde. Visualisiere, wie das Licht deiner Liebe aus deinem Herzen zu ihnen strömt. Achte auf Eindrücke ihrer Reaktion auf deine energetische Kontaktaufnahme. Wenn du dich bereitfühlst, richte einige Worte an sie und drücke deinen Wunsch nach einer Freundschaft aus. Jetzt kannst du intuitiv ihre Antwort erhalten oder dir Zeit nehmen, um ein Orakel im Kerzenschein zu befragen. Ist die Antwort der Naturgeister positiv, nimm den Bergkristall in deine dominante Hand. Richte ihn in das Sonnenwasser. Sprich:

> **Meine Liebe schenke ich zum Segen,**
> **möge sie uns nähren**
> **und wir uns Freundschaft geben.**

Visualisiere, wie deine Intention in das aktive Sonnenwasser fließt. Nimm die Schale in die Hand und gieße das Sonnenwasser in das Mondwasser. Sprich dabei:

> **Sonne und Mond in Wasser vereint,**
> **segnet dies Leben mit eurem Schein.**

Visualisiere, wie deine Intention durch die Verschmelzung des aktiven und passiven Prinzips zu einem lebendigen Samen wird, der zu einer Freundschaft zwischen dir und der Natur um dich herum heranwachsen wird. Jetzt erhebe dich, nimm das Wasser und gehe langsam umher. Gieße die Erde und die Pflanzen. Sprich mit ihnen und sei offen für ihre Antworten.

TIERGEISTER

Der Glaube daran, dass Tiere Geist besitzen, ist wahrscheinlich so alt wie die Menschheit. Auf der ganzen Welt findet man steinzeitliche Abbildungen von Mischwesen aus Tier und Mensch, die als Tiergeister gedeutet werden, sowie Hinweise auf einen Herrn oder eine Herrin der Tiere, die eine gottesähnliche Stellung eingenommen haben könnten. Woran liegt das?

Die ältesten menschlichen Gemeinschaften bestanden aus Sammlern und Jägern, die ihr Überleben durch das Töten und Verzehren von Beutetieren sichern mussten. Man kann davon ausgehen, dass die steinzeitlichen Menschen im engen Kontakt und abgestimmt auf die Zyklen von Geburt, Fortpflanzung und Tod der Tiere gelebt haben. Zu viele ihrer Beutetiere auf einmal zu töten und nicht auf ihre Vermehrung zu warten, hieß, sich selbst in Gefahr zu bringen. Nur so viel wie nötig und so wenig wie möglich zu töten, war die Grundlage für eine gesunde und nachhaltige Jägergemeinschaft. Konfrontiert mit der Verant-

wortung für den Tod eines anderen Lebewesens, mussten sie sich also ebenfalls die Frage stellen, was mit dem Geist des Tieres geschah. Denn warum sollte ein Tier – genauso ein Lebewesen wie der Mensch – keinen Geist besitzen? Aus diesem Gedanken entwickelte sich die Vorstellung, dass Tiergeister magisch, über den eigenen Geist, angerufen und ihre Kraft beschworen werden konnten. Solch schamanische Anrufungen gehören zu den ältesten magischen Praktiken. Tatsächlich eröffnet der Kontakt zu Tiergeistern eine von vielen Türen, die in die Welt des Geistes führen und eine einzigartige Perspektive eröffnen. Hier finden wir eine **rohe, ursprüngliche Art der Magie**. Tiere tragen Weisheit und Kraft in sich, die dem dunklen Reich von Mutter Erde aus **Intuition, Instinkt** und **Trieb** entstammt.

KRAFTTIER

Der Begriff **Krafttier** ist in der Magie nicht klar umrissen. Eine von vielen Bedeutungen ist die eines **Botschafters und Schutzgeists eines Lebensabschnitts**. Jedes Tier trägt auf der unbewussten Ebene eine geistige Bedeutung. Es ist das geistige Urbild, dessen physisches Abbild wir aus dem weltlichen Leben kennen. Und so verstehen wir ihre Botschaften intuitiv. Das Urbild bzw. der Geist des Löwen steht für Stärke, Macht und Strahlkraft. Der Geist des Falken für Freiheit, Weitsicht und Unabhängigkeit. Den Geist eines Tieres auf der unbewussten Ebene

zu beschwören, bedeutet also, Kontakt mit seiner Essenz, mit seinem reinen Wesen aufzunehmen. Bist du als Hexe offen für den Austausch mit der Geistwelt, wird es fast schon mit Sicherheit passieren, dass dir Tiergeister Botschaften mitteilen. Dir wird auffallen, dass du im Alltag, aber auch in deiner spirituellen Praxis – in Meditationen, Träumen und durch intuitive Eindrücke – immer wieder auf ein bestimmtes Tier triffst, durch echte Begegnungen oder als Bilder. Dies ist das Zeichen, dass ein Tiergeist dir etwas mitteilen möchte. Seine Botschaft zu entschlüsseln ist deine Aufgabe. Oft ist es eine Situation, die blockiert oder verkeilt scheint oder wo etwas im Dunkeln liegt. Sobald du die Botschaft des Tiergeistes verstanden hast, verschwindet er wieder aus deinem Leben. Oft wachen Tiergeister über ganze Lebensabschnitte. Tritt eine große Veränderung in deinem Leben ein, wechselt auch das Krafttier. Diese Wechsel zeigen sich dadurch, dass neue Tiere verstärkt als Bilder oder Begegnungen in dein Leben treten. Sie können die Rolle von Geistführern übernehmen, die dich durch ihre Weisheit und Botschaften bis zu deinem nächsten Entwicklungspunkt leiten.

Krafttiere und ihre Eigenschaften

Widme eine Seite deines Buchs der Schatten den Krafttieren. Schreibe eine Liste der für dich wichtigsten Tiere auf und ordne ihnen Eigenschaften und Botschaften zu. Du kannst sie z. B. intuitiv dem aktiven und passiven Prinzip und den Elementen zuordnen. Auch kannst du Tiersymbole entwerfen, die du in Zaubern und Ritualen verwenden kannst. Konzentriere dich dabei auf die Hauptmerkmale des Tieres und vereinfache sie die dann zu abstrakteren Linien und Formen, ähnlich wie die der astrologischen Zeichen. Eine Liste könnte so aussehen:

TIER	ELEMENT	BOTSCHAFT	SYMBOL
Katze	Erde	Wachsamkeit	
		Geheimnisse	
		Genuss	
❖	❖	❖	
Eule	Luft	Weisheit	
		Schutz	
❖	❖	❖	
Schlange	Feuer	Gefahr	
...		Macht	

Offenbarung deines Krafttiers

Entzünde neben den Seiten deines Buchs der Schatten zwei Kerzen. Die oben genannte Liste sollte aufgeschlagen sein. Stelle Meditationsmusik an und komme vor deinem Buch zur Ruhe. Bitte die Geistwelt darum, dir dein Krafttier zu zeigen, falls zurzeit eines über dich wacht. Lege beide Hände auf die aufgeschlagenen Seiten und schließe deine

Augen. Lasse Bilder aus deinem Unbewussten aufsteigen und fließen, ohne sie zu kontrollieren. Visualisiere, wie sich dein Herz, das Zentrum bedingungsloser Liebe, und der höchste Punkt deines Schädels, der Kontaktpunkt zum höheren Ich, öffnen. Gib dich dem Fluss hin und achte darauf, ob dir ein Tier erscheint. Tut es das, bitte es darum zu bestätigen, dass es das Krafttier deines Lebensabschnittes ist. Achte auf Zeichen und Symbole der Zustimmung oder Verneinung. Bedanke dich und komme langsam wieder in dein Alltagsbewusstsein zurück.

FAMILIARE

Die Vorstellung von **Familiaren** (von lat. *spiritus familiaris,* vertrauter Geist), Hilfsgeister einer Hexe in Tierform, war im späten Mittelalter und der Frühen Neuzeit in ganz Europa verbreitet. Die Darstellung von Hexen mit schwarzen Katzen, Ratten, Kröten etc. geht auf diesen Glauben zurück. Von den Familiaren wurde gesagt, dass sie insbesondere Junghexen beim Lernen der Hexerei halfen, sie beschützten und ihre Zauber unterstützten. Einerseits werden sie als Geister beschrieben, die eine feste Form annehmen können, andererseits als Geister, die ausschließlich in veränderten Bewusstseinszuständen erscheinen. Woher sie kommen, ist dabei nicht ganz klar. Oft wird angenommen, dass die höheren Schutzgeister eines Menschen ihm die Hilfsgeister senden. In Berichten aus frühneuzeitlichen Hexenprozessen wird damit übereinstimmend berichtet, dass der Teufel – also eine höhere Macht – den Hexen die Familiare zuteilt. In anderen Hexenprozessakten findet man wiederum die Aussage, dass Familiare spontan erscheinen oder aber von sterbenden Familienmitgliedern an die Kinder weitergegeben werden. Wie können Hexen heutzutage mit Familiaren arbeiten? Viele Hexen bezeichnen ihre Haustiere als Familiare, manchmal scherzhaft, oft aber auch ernstgemeint. Es ist bekannt, dass Tiere sensibel auf magische Arbeit reagieren können. Insbesondere Katzen scheinen bei Zaubern und Ritualen gerne anwesend zu sein. Oft bestehen sie darauf, in den magischen Kreis gelassen zu werden. Hast du also das Gefühl, dass der Geist deines Haustieres dich energetisch unterstützt, vielleicht sogar über dich wacht, gib ihm Raum. Frage dein Haustier, ob es bei Meditationen und Zaubern anwesend sein möchte, verbinde dich über Visualisierungen mit ihm und zeige ihm deine Dankbarkeit.

Hast du kein Haustier, bist aber neugierig, ob du einen geistigen Familiar besitzt, oder hast du schon länger das Gefühl, dass dir ein Hilfsgeist in deiner magischen Arbeit zur Seite steht, kannst du in einem Trancezustand Kontakt aufnehmen.

MAGISCHER TIPP
✦ GESPRÄCHE MIT DEINEM FAMILIAR ✦

Möchtest du herausfinden, ob dein Haustier dein Familiar ist, suche es auf, wenn es möglichst entspannt ist, z. B. wenn es vor sich hin döst. Nimm ebenfalls eine entspannte Haltung ein, komme mit einer einfachen Atemmeditation zur Ruhe. Jetzt visualisiere, wie sich dein Geist in einem Strahl aus deinem Kopf heraus mit dem Geist deines Haustieres verbindet. Ist dein Haustier sensibel, sollte es diese Verbindung spüren und darauf reagieren. Fahre erst fort, wenn die Verbindung hergestellt ist und dein Haustier klargemacht hat, dass es für die Kommunikation empfänglich ist. Du kannst ihm jetzt Fragen stellen und die Antworten intuitiv als Bilder und Stimmungen empfangen. Dabei kann das Tier auch körperlich antworten.

Zustimmung: Zuwenden, Ohrenaufstellen, Zeichen der Zuneigung wie Lecken, Reiben, Schnurren

Verneinung: Abwenden, Ohrenanlegen, Fellaufstellen, Sichentziehen

Hilfsgeister

Um zu sehen, ob dir geistige Familiare in deiner magischen Arbeit zur Seite stehen, komme mit einer Atemübung zur Ruhe. Formuliere deinen Wunsch und verleihe ihm eine Visualisierung. Z. B. kannst du dich fragen: »Wenn mein Wunsch, meine Familiare zu entdecken, eine Farbe wäre, welche wäre das?« oder »Wenn mein Wunsch ein Ton wäre, welcher wäre das?«. Breite die Visualisierung in deine Umgebung aus und fühle, wie deine Frage die Geistwelt erreicht. Besitzt du Familiare, sollten sie nun innerhalb dieser gedachten Kugel als Präsenzen wahrnehmbar sein. Vielleicht kannst du sogar ihre Tierform erspüren und identifizieren. Frage sie nach ihrem Namen und tausche dich mit ihnen aus. Folgendes kannst du sie fragen: Welche Rolle übernehmen sie? Wie kannst du sie zur Hilfe rufen? Wobei genau können sie dir helfen? Welche Opfergaben möchten sie im Gegenzug erhalten? Wie lange möchten sie mit dir zusammenarbeiten?

Solltest du dir bei den intuitiven Antworten unsicher sein, kannst du eine Orakelmethode deiner Wahl nutzen. Bedanke dich danach und ziehe die Kugel visualisiert wieder in dich hinein. Solltest du keine Anwesenheiten gespürt haben, kannst du dieselbe Meditation nutzen, um deine Bitte an die Geistwelt, dir einen Familiar zu schicken, hinauszusenden. Achte in der folgenden Zeit auf positive Zeichen, dann wiederhole die Meditation.

Deine Hilfsgeister können helfen, dir kleinere Wünsche und Zauber zu erfüllen. Kläre vorher mit deinem Familiar ggf. durch Orakelmethoden ab, ob er sich dazu bereit erklärt.

Hilfe durch einen Familiar

Was du dafür brauchst:

- vier grüne Kerzen
- zwei Zettel und einen Stift
- eine feuerfeste Schale
- ein Abbild deines Familiars
- eine Räucherung deiner Wahl
- Sonnen- oder Mondwasser

Zeichne ein Symbol deiner Wahl für Erfolg in die Mitte des Papiers. Um das Symbol herum schreibe deinen Wunsch in einen Kreis. Wiederhole den Satz, falls die Worte nicht ausreichen, um den Kreis zu schließen. Kommst du mit den Buchstaben wieder am ersten Wort an, schließe die Linie da, wo sie begonnen hat. Es macht nichts, wenn die Wiederholung dabei mitten im Satz abbricht. Jetzt zeichne vier weitere Symbole für den Erfolg deiner Intention an die gedachten Ecken eines Quadrats um den Kreis. Lege beide Hände auf das Papier, schließe deine Augen und sieh die Erfüllung deines Wunsches vor dir.

Stelle die vier Kerzen an die gedachten Ecken eines Quadrates und platziere den Zettel in ihrer Mitte vor dem Abbild deines Familiars. Entzünde die Kerzen und eine Räucherung deiner Wahl. Komme zur Ruhe. Jetzt rufe deinen

Familiar, so wie er es dir beigebracht hat, und bitte ihn, dir seine Anwesenheit durch sein Abbild zu signalisieren. Sobald du das Gefühl hast, er ist in dem Abbild anwesend, trage deine Bitte vor. Jetzt nimm den Zettel in die Hand. Während du ihn an allen vier Kerzen anzündest, sprich:

Vier mal vier,
im Jetzt und Hier,
erfülle, was steht auf diesem Papier.

Lege das Papier in die feuerfeste Schale und visualisiere, wie dein Familiar deinen Wunsch in seine Obhut nimmt, während du den Zauberspruch wiederholst, bis alles verbrannt ist. Danach nimm etwas von der Asche, mische sie je nach deiner Intention mit Sonnen- oder Mondwasser und zeichne damit die Sigille deines Familiars auf ein weiteres Blatt Papier. Wickle ein Band darum und hänge das Papier um das Abbild des Familiars.

Achte auf Eindrücke und Botschaften. Danach bedanke dich, entlasse deinen Familiar und beende das Ritual mit den Worten »So sei es!«. Lasse das Papier so lange an dem Abbild hängen, bis dein Wunsch erfüllt ist. Ist er erfüllt, vergiss nicht, deinem Familiar seine Opfergaben darzubringen.

AHNENGEISTER

In der Magie ist die Arbeit mit den Ahnen ein machtvolles Werkzeug, um die Weisheit und Kraft aller vorangegangenen Generationen im eigenen Leben zu manifestieren. Wie eine Pflanze, die tiefe und starke Wurzeln braucht, um gesund zu wachsen, kann eine tiefe Beziehung zu den Ahnen eine Grundlage für die eigene magische Praxis bilden. Da deine Ahnen von Natur aus eine Bindung zu dir besitzen, haben sie im Gegensatz zu anderen Geistweisen ein persönliches Interesse daran, dich zu schützen, zu segnen und voranzubringen. Eine Beziehung zu ihnen aufzubauen und ihre Gunst zu erlangen, gestaltet sich daher oft einfacher und schneller, als es beispielsweise der Fall bei Naturgeistern oder Tiergeistern ist. Auf der anderen Seite ist die Beziehung zu den Ahnen aber auch die, die negativer belastet sein kann als zu anderen Geistwesen. Als Mensch in diesem weltlichen Leben ist niemand perfekt. Wut, Verletzung, Neid, Eifersucht – all diese destruktiven Emotionen werden oft über Generationen weitergegeben – wenn sie nicht geheilt werden. Eine magische Weisheit besagt jedoch, dass sobald man sich selbst heilt, man die gesamte Ahnenlinie heilt. Jede Hexe, die eine

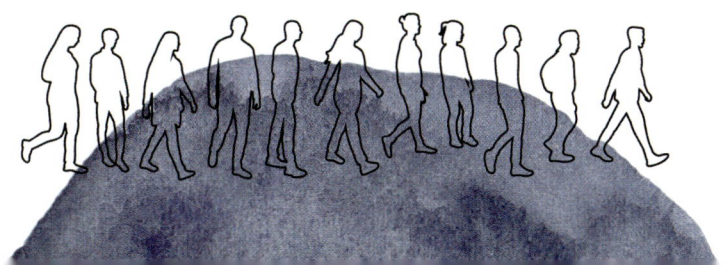

Beziehung zu den Ahnen pflegt, kennt die Erleichterung, das Aufatmen, das durch die Dimensionen hallt, wenn sie ein Generationentrauma geheilt hat. Große Dunkelheit kann immer zu großem Licht werden. Das ist die Schönheit der Magie. Du kannst es dir mit dem Beispiel eines Kanals klarmachen: Stell dir vor, in einer Rohrleitung befindet sich ein winziges Loch – ein winziges Problem. Flickt man das Leck, wird das Wasser kaum mehr an Kraft beim Hindurchströmen gewinnen, weil es vorher kaum an Kraft durch das Leck verloren hat. Befindet sich aber ein riesiges Loch in der Leitung, verliert das Wasser an Kraft. Am Ende kommt womöglich nur die Hälfte der Wassermenge heraus. Flickt man das Leck, ist die Zunahme der Wasserkraft signifikant größer, nämlich genauso groß, wie man sie vorher durch das große Loch verloren hat. Du selbst bist auf dieser Erde eine Inkarnation und damit Gefäß und Kanal des Göttlichen. Verbindest du dich mit deinen Ahnen und heilst deine Ahnenlinie, wird dieser Kanal größer und heiler, sodass der göttliche Geist, die göttliche Liebe stärker durch dich fließen kann, ohne ständig durch die Lecks in den Wunden der Vergangenheit zu tropfen. Ahnenarbeit heißt, sich den Schatten, nicht nur in sich selbst, sondern in der gesamten Ahnenlinie, zu widmen und sie aufzulösen.

DIE SCHATTEN DEINER AHNEN

Widme einen Teil deines Buchs der Schatten deinen Ahnen. Versuche, so viel wie möglich über sie herauszufinden.

Schreibe auf, wo du denkst, dass deine Ahnenlinie Heilung benötigt, weil Probleme in diesem Bereich wiederkehrende Themen in deiner Familie sind. Um herauszufinden, wie du die Wunden der Vergangenheit in Kraft und Stärke der Zukunft umwandeln kannst, lege eine Tabelle mit zwei Spalten an. Schreibe in die linke Spalte, womit deine Familie immer und immer wieder zu kämpfen hat. Was sind eure destruktiven Verhaltensmuster, die sich in den Generationen wiederholen? Versuche, dich dabei so kurz wie möglich zu fassen. Einzelne Wörter reichen aus. Danach betrachte die Liste und versuche, eine positive Entsprechung für die Wörter zu finden, die du in die rechte Spalte schreibst. Das kann ungefähr so aussehen.

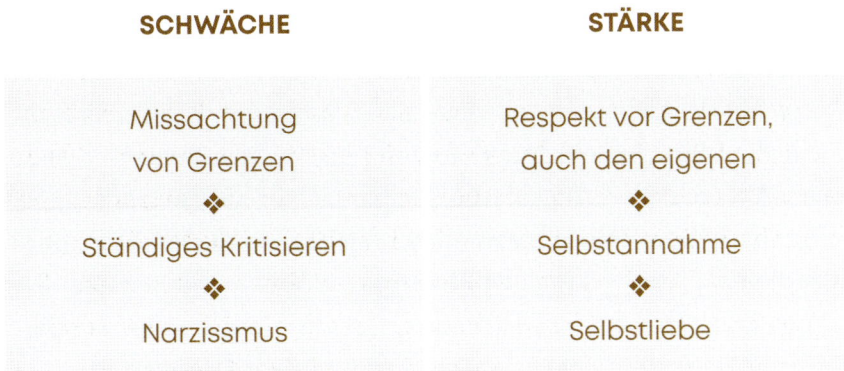

SCHWÄCHE	STÄRKE
Missachtung von Grenzen	Respekt vor Grenzen, auch den eigenen
❖	❖
Ständiges Kritisieren	Selbstannahme
❖	❖
Narzissmus	Selbstliebe

Schreibe auch auf, was die Stärken deiner Ahnen und deiner Ahnenlinien sind. Wo haben deine Ahnen erfolgreich Widerständen getrotzt? Wodurch sind sie gewachsen? Was sind Talente und Gaben, die sich in eurer Familie immer wiederfinden? Das sind die Bereiche, in denen du die Kraft deiner Ahnen direkt anrufen und in dein Leben ziehen kannst.

Die Ahnen und das Element Erde

Die Erde ist das Element des Todes und der Unterwelt und stellt damit symbolisch den Aufenthaltsort der Ahnen dar. Bei Meditationen und Ritualen kannst du Kräuter, Kristalle und Symbole, die dem Element Erde zugeordnet sind, zur Verstärkung der Energie bereitstellen:

- Erde/Friedhofserde
- Tierknochen
- Kreuze
- die Farben Schwarz, Rot und Braun
- die Zahl Vier als Zahl der Erde (vier Jahreszeiten, vier Himmelsrichtungen, vier Elemente)

Stelle die Fotos, Andenken, Briefe und persönlichen Gegenstände an einem gesonderten Platz auf. Hier kannst du meditieren, ihnen Opfergaben darbringen und Schattenarbeit und Ahnenrituale durchführen.

Heilung

Ein Ritual eignet sich, um Heilung in die Ahnenlinie zu bringen. Es ist ratsam, es für einzelne Wunden der Vergangenheit zu nutzen und dann zu wiederholen und nicht sofort die ganze Liste abarbeiten zu wollen Da jede Wunde tief über die Generationen verwurzelt ist, braucht es Zeit und eine grundlegende Transformation, auf die du dich voll und ganz konzentrieren können solltest.

Die Wunden der Vergangenheit

Was du dafür brauchst:

- Friedhofserde, am besten von einem Friedhof, auf dem deine Ahnen begraben liegen
- Vollmondwasser in einer Wasserschale
- Kräuter für Auflösung und Heilung, z. B. Salbei, Lavendel, Kamille, Zitronenmelisse
- sieben weiße Kerzen
- Andenken der Ahnen
- eine Räucherung mit Kräutern, die den Kontakt zur Unterwelt unterstützen, z. B. Wacholder, Holunder, Affodill, Rosmarin, Weide
- Zettel und Stift

Stelle die Fotos und Andenken deiner Ahnen auf dem Boden auf. Gib etwas Friedhofserde in die Schale mit dem Vollmondwasser. Platziere sie vor den Andenken. Arrangiere die sieben Kerzen dicht um die Schale und entzünde sie und die Räucherung. Halte alle anderen Utensilien bereit.

Jetzt erde dich (Diese Technik findest du auf S. XX). Spüre, wie deine Wurzeln tief in die Erde reichen und du mit deinen Ahnen verbunden wirst. Rufe sie im Geiste und visualisiere, wie sie im Kreis um dich herum erscheinen. Wenn du willst, bitte sie um ein Zeichen ihrer Anwesenheit. Das können Klopfzeichen sein, starkes Flackern der Kerzen o. Ä.

Sprich dein Anliegen aus, ein spezielles Generationentrauma zu heilen. Nimm Zettel und Stift und vergegenwärtige dir diese Wunde. Spüre den Schmerz, nicht nur in dir, sondern auch in deinen Ahnen. Gib ihm die Erlaubnis, voll und ganz gespürt zu werden. Schreibe als Nächstes auf, wie genau diese Wunde euch beeinflusst und geschadet hat. Sei so genau wie möglich und lasse alles heraus. Dann falte den Zettel dreimal.

Gib jetzt die heilenden Kräuter langsam und konzentriert in die Wasserschüssel. Verrühre alles und wiederhole dabei folgenden Zauberspruch:

Heilung in den Tiefen,
Heilung durch die Erde,
Heilung durch das Wasser,
zur Medizin nun werde.

Visualisiere, wie das heilende Wasser, aufgeladen durch die Kräuter und den Zauberspruch, anfängt weiß zu leuchten. Jetzt lege den Zettel langsam hinein. Sprich dabei:

**Dieser Schmerz
und dieses Leid,
in unserem Blut,
es sei geheilt.
Es endet jetzt,
es endet hier,
so sage ich es,
es endet mit mir!**

Fühle, wie Heilung dich und deine Ahnenlinie durchflutet. Platziere deine Hände zu beiden Seiten des Kerzenkreises um die Schüssel. Beuge dich über das Wasser und öffne dich vollständig für die Heilung, die in dir ihren Anfang nimmt. Visualisiere eine weiße Säule, die durch dich in die Wasserschale und in den Boden führt, sich dort wie Wurzeln aufspaltet und zu deinen Ahnen läuft, die sie verbindet. Visualisiere, wie Heilung durch diesen »Stammbaum« fließt und die Wunden in euch heilt. Wenn du das Gefühl hast, die Arbeit ist beendet, sprich ein letztes Mal mit aller Macht den Zauberspruch, dann hebe deine Hände vom Boden. Bedanke dich bei deinen Ahnen und entlasse sie. Beende das Ritual mit den Worten »So sei es!«. Komme langsam wieder in dein Alltagsbewusstsein zurück.

Magische
Hexenküche

WERKZEUGE UND ZUTATEN FÜR DEINE HEXENKUNST

Nachdem du deinen eigenen Geist kennengelernt hast und dich mit der Natur verbinden kannst, ist es an der Zeit, deinen Geist durch Werkzeuge und Zutaten zu manifestieren und so Magie zu erschaffen. Bis jetzt hast du in den Ritualanleitungen von **Utensilien** gelesen, die einfach zu finden sind und zum Alltag gehören: Schalen, Schüsseln, Löffel, Nadeln etc. Interessanterweise folgst du damit den Traditionen vieler Hexen seit Tausenden von Jahren. Hexen waren schon immer der Verfolgung derer ausgesetzt, die die Hexenkunst nicht oder aber sehr gut verstehen und sich genau deswegen von der Macht bedroht fühlen, die sie den Menschen verleiht. Daher waren und sind Hexen dazu gezwungen, im Geheimen zu wirken, unauffällig zu sein und sich anzupassen. Ausgefallene Werkzeuge ziehen unerwünschte Aufmerksamkeit auf sich. Und so gehen auch die vier heutigen klassischen Hexen-Werkzeuge der größten westlichen okkulten Strömungen, **Kessel**, **Kelch**, **Zauberstab** und **Athame** – ein Ritualdolch –, auf Alltagsgegenstände zurück. Ein Kessel wurde wie ein Topf zum Kochen benutzt. Ein Kelch war ein einfaches Gefäß. Ein Zauberstab konnte aus jedem Stab, Ast und Zweig bestehen und ein Athame war ein einfaches Messer zum Schneiden. Aber auch die für uns heute ungewöhnlicheren Utensilien wie Kerzen und Räucherungen gehörten in Zeiten, in denen es keine Elektrizität gab und schlechte Gerüche allgegenwärtig waren, zum Alltag. Auffällig ist dabei, dass viele der Hexen-Werkzeuge in der Küche zu finden waren, dem traditionellen Arbeitsplatz von Frauen unterer sozialer Schichten, genau der Gruppe, die überdurchschnittlich von der Hexenverfolgung der Frühen Neuzeit betroffen war.

Wenn man heute nach den Hexen-Werkzeugen sucht, findet man oft teure mit allerlei okkulten Symbolen und Kristallen verzierte Utensilien, die natürlich alles andere als unauffällig sind. Wenn du am Anfang deines Weges stehst und nicht sofort ein Vermögen für ein mit Rubinen besetztes Athame oder einen schmiedeeisernen Hexenkessel ausgeben möchtest, scheue dich nicht, die Alltagsversion der Hexen-Werkzeuge zu verwenden, die du bei dir zuhause finden oder herstellen kannst. Denn entgegen der weitverbreiteten Annahme besitzen »magische« Utensilien keine Zauberkraft an und für sich, erst die Aufladung mit der Intention der praktizierenden Hexe macht ein Werkzeug zu einem Kanal für Magie. Rein geistige Meditationen und Visualisierungen stellen die Grundlage für jeden Zauber dar. Jedoch ist es der Einsatz der Materie, der den Geist transformiert und in diese Dimension holt. Gemäß dem Grundsatz »Wie oben, so unten« bzw. »Wie unten, so oben« wird so eine neue Wirklichkeit manifestiert, die das Programm des Geistes »umschreibt« und in den gewünschten Lebensbereichen umgesetzt werden kann. Denn das Unbewusste und die Materie sind **empfangend** und **umsetzend**. Sie empfangen die Intention aus Wille und Verstand, werten sie aus und verfestigen sie – egal ob sie zur Hexe oder den Werkzeugen gehören. Denn alles ist eins. Die gesamte Ebene der Materie und des Unbewussten kann durch den Geist aufgeladen werden. Deswegen kann tatsächlich alles, was aus Materie besteht, zu einem magischen Werkzeug werden. Jedoch hat es einen speziellen Vorteil, persönliche Werkzeuge zu haben, mit denen man über längere Zeit arbeitet – ihr Geist, ihr Bewusstsein und im besten Fall ihr höheres Ich gehen eine Verbindung mit dem eigenen Geist ein. Ihre Information passt sich der Information der Hexe an. Eine Beziehung entsteht, die die Wirkung von Ritualen verstärken und wirkungsvoller machen kann. Deswegen ist es wichtig, die Werkzeuge auszusuchen oder anzufertigen, die wirklich zu dir passen. Um sie zu finden und auf deine persönliche Energie auszurichten, solltest du folgenden Techniken einsetzen.

DAS RICHTIGE WERKZEUG ZU DIR RUFEN

Die Hexen-Werkzeuge, insbesondere Kessel, Kelch, Zauberstab und Athame, finden auf unterschiedliche Arten zu dir. Entweder du suchst gezielt auf Märkten, in Läden oder im Internet, dir wird ein Werkzeug geschenkt oder du fertigst eines an. Es kann hilfreich sein, zu Beginn deiner Suche einen Ruf über dein höheres Ich in die Geistwelt zu schicken, dir das richtige Werkzeug zukommen zu lassen oder den Wunsch in dir aufkeimen zu lassen, eines mit bestimmten Charakteristika anzufertigen. So schreibst du schon vorher fest, welche Energie zu dir passt, und das höhere Ich des jeweiligen Werkzeuges kann deinem Ruf folgen, wenn es seinem wahren Willen entspricht. Nutze folgenden kleinen Zauber, um den Ruf hinauszuschicken:

Deine Hexen-Werkzeuge zu dir rufen

Entzünde bei Vollmond eine Kerze und konzentriere dich auf die Flamme. Komme zur Ruhe und sinke tief in Entspannung.

Visualisiere jetzt dein gewünschtes Werkzeug, sieh es vor dir, fühle seine Energie, sein Material, sein Gewicht. Dann zeichne es auf einen Zettel. Du kannst es mit Farben ausmalen, mit Sigillen aufladen und Eigenschaften aufschreiben, die dein Hexen-Werkzeug besitzen soll. Möchtest du noch einen Schritt weitergehen, gib ihm einen Namen. Ziehe ein Pentagramm um die Zeichnung und sprich dabei:

Höre meinen Ruf nach dir,
zum höchsten Wohl,
zum Guten in mir.

Verbrenne den Zettel in der Flamme und lege ihn in eine feuerfeste Schale. Visualisiere, wie der Rauch deinen Ruf in die Geistwelt trägt. Öffne deine Hände mit den Handflächen nach oben und visualisiere, wie du dein neues Werkzeug erhältst.

Energetische Reinigung

Hast du dein neues Werkzeug gefunden oder erhalten, solltest du es zunächst energetisch reinigen. Auch wenn es neu ist, hat es ständig Informationen aus seiner Umgebung aufgenommen. Um es vollkommen auf deine Energie auszurichten, müssen diese gelöscht werden. Es ist eine Art Neustart seines geistigen Programms. Im besten Fall reinigst du es durch alle Elemente. Ist sein Material aber beispielsweise nicht wasserfest oder verdreckt schnell, kannst du Wasser oder Erde weglassen. Eine Reinigung kann folgendermaßen aussehen:

Fertige an einem Schwarzmond Sonnenwasser mit ein wenig Meersalz, Rosmarin und Bergkristall an. Wische dein Werkzeug damit ab und sprich:

Durch Wasser, Erde, Feuer,
ich reinige, tilge, erneuer'!

Visualisiere, wie die Energien der Sonne, der Erde und des Wassers, verstärkt durch den Bergkristall, beginnen, das Werkzeug zu säubern. Sieh vor dir, wie es anfängt, weiß zu leuchten. Dann entzünde eine Räucherung mit Salbei. Halte dein Werkzeug in die Räucherung und sprich:

Wehe hinweg, blase hinfort,
vollkommen rein,
jetzt durch mein Wort.

Visualisiere, wie die Energien der Luft die energetische Reinigung abschließen. Sprich zum Abschluss: »So sei es!«.

Wische das Werkzeug nachträglich nur mit Wasser ab, falls sich die Salzkristalle beim Trocknen auf dem Material abgesetzt haben.

Negative Anhaftungen energetisch reinigen

Das geistige Reinigen von Räumen, Objekten und sich selbst ist fundamentaler Bestandteil der Hexenkunst. Beim manchen Werkzeugen ist jedoch nur die Reinigung vor ihrer Weihe empfehlenswert. Über die Zeit sammeln die Werkzeuge nämlich mit jeder Meditation, Visualisierung und mit jedem Zauber deine persönliche Energie, deine Intentionen und Informationen. Sie entwickeln eine ganz eigene kraftvolle Magie. Diese regelmäßig zu löschen, kann ihnen die Macht rauben. Reinige sie also nur, wenn du das Gefühl hast, dass ihnen negative Informationen anhaften, die deine Arbeit beeinträchtigen.

Weihe

Durch das Weihen wird dein Werkzeug mit deiner Energie und Information aufgeladen. Es wird zu einem Teil von dir, das deinen wahren Willen manifestieren kann.

Je nach Größe und Material des Werkzeugs gibt es hier unterschiedliche Möglichkeiten. Ähnlich wie bei der Weihe deines Buchs der Schatten (siehe Kapitel 1) wird aber in jedem Fall deine Energie durch Teile und Flüssigkeiten deines Körpers als Informationsträger mit dem Werkzeug verbunden.

Führe die Weihe an einem Neumond durch. Du kannst folgende Techniken einzeln oder zusammen ausführen:

- Entwirf eine Sigille, die aus deinem Namen und deiner Intention für das Werkzeug besteht.
- Zeichne die Sigille mit Speichel auf das Werkzeug.
- Wickle drei deiner Haare um das Werkzeug.
- Lege Fotos von dir zu dem Werkzeug.
- Wickle es in ein getragenes Kleidungsstück.

Sprich dabei folgenden Zauberspruch:

Nimm auf meinen Geist
und nimm auf Wesen,
in gegenseitiger Liebe,
geweiht meinem Leben.

Visualisiere, wie es anfängt zu leuchten, und lasse es über Nacht im Neumondlicht stehen. Am nächsten Tag befreie und reinige es ggf. Entzünde Weihrauch, der, wie sein Name schon sagt, besonders für eine Weihe geeignet ist. Halte das Werkzeug in den Rauch und wiederhole den Zauberspruch. Visualisiere dabei, wie dein Werkzeug anfängt zu leuchten und bedanke dich zum Schluss.

Geweiht meinem Leben,
dies sei dein Heim.
Geweiht meinem Leben,
so soll es sein.

DER HEXENKESSEL

Der Hexenkessel ist das wohl bekannteste Attribut in Hexendarstellungen. Die Vorstellung von magischen Kesseln findet sich schon früh, vor allem in der nordgermanischen und insbesondere der inselkeltischen Mythologie. Die Getränke, die in ihm gebraut wurden, sollten durch ihn übernatürliche Kräfte erhalten. Dadurch ist der Kessel der *Ceridwen* aus mittelalterlichen walisischen Sagen bekannt, die wahrscheinlich auf keltische Überlieferungen zurückgehen. Ceridwen, eine Zauberin oder Göttin, braute in einem Kessel Weisheitstränke für ihre Kinder. Der legendäre britannische König Bran soll mit Tränken aus seinem magischen Kessel seine gefallenen Krieger zum Leben wiedererweckt haben. In altgriechischen Erzählungen kennt man den Zauberkessel der Hexe Medea. Mit ihm demonstrierte sie einen Verjüngungszauber, indem sie einen Widder tötete, zerteilte und die Stücke in ihrem Kessel kochte, bis aus ihnen ein lebendiges Lämmchen wurde, das wieder aus dem Kessel stieg.

In germanischen und keltischen Kulten wurden Kessel sowohl für Opferungen, für Divination und das gemeinsame Verzehren von magischen Speisen und Tränken genutzt. Der antike griechische Geschichtsschreiber Strabon beschrieb, wie Priesterinnen des germanischen Stammes der Kimbern Kriegsgefangenen die Kehle durchschnitten und sie über Kultkesseln ausbluten ließen, um danach aus dem Blut zu weissagen.

Wie man sieht, taucht in den Erzählungen und in den Kulten um den Kessel ein

Bezug zum Tod und der Totenwelt auf. Der Kessel mit seiner bauchigen Form wird als die **Erdkugel, als Bauch der Erde, als Unterwelt** gedeutet, zu der jeder Mensch bei seinem Tod zurückkehren muss. Der Hexenkessel verkörpert das **passive und empfangende Prinzip** und das **Element der Erde**. Aber so wie die Erde nicht nur Totes empfängt, sondern transformiert und neues Leben hervorbringt, so steht auch der Kessel gleichzeitig für die Schöpfungskraft des **Uterus**.

Möchte man in einem Ritual überlebte Dinge, Situationen und Beziehungen metaphorisch sterben lassen, kann man den Kessel als Symbol für die Erde nutzen. Andersherum kann man durch ihn rituell »tote« Dinge, Situationen und Beziehungen zum Leben wiedererwecken.

Da in einem Kessel traditionell Speisen zubereitet werden, die wie die Früchte von Mutter Erde den Menschen mit Energie versorgen, kann der Hexenkessel für Zauber eingesetzt werden, die auf **Versorgung**, die **Finanzen** und Überfluss abzielen. Aus irischen Sagen kennt man den mit Gold gefüllten Kessel der koboldhaften Leprechauns am Ende eines jeden Regenbogens. Das Symbol des Füllhorns, aus dem Speisen und Münzen quellen, ist mit dem Kessel eng verwandt.

Das Bild von Hexen, die über einen Hexenkessel gebeugt Zaubersprüche murmeln und aus merkwürdigen Zutaten einen Zaubertrank brauen, ist nicht allzu weit hergeholt. In der Hexerei geht es um die Verbindung der Elemente, von aktiv und passiv – von Geist und Materie. Einen Zaubertrank zu brauen, bringt die Elemente Erde, Wasser, Luft und Feuer zusammen – das mit Geist aufgeladene Ergebnis, der Zaubertrank, ist die manifestierte hochkonzentrierte Intention.

Der Hexenkessel im Buch der Schatten

Widme eine Seite deines Buchs der Schatten dem Hexenkessel. Hier kannst du deine Erfahrungen, Meditationen und Rituale notieren und mit späteren Resultaten abgleichen. Auch kannst du eigene Kessel-Rituale entwerfen. Schreibe auf, was du persönlich mit ihm verbindest. Was sind deine spontanen Assoziationen, wenn du an ihn denkst oder einen betrachtest? In ihnen wirst du zusätzliches Manifestationspotenzial zu traditionellen Bedeutungen finden.

Die Arbeit mit dem Hexenkessel

Bekommst du, nachdem du deinen Hexenkessel gerufen hast, das starke Bedürfnis, selbst einen herzustellen, kannst du einen Kessel beispielsweise aus Ton selber formen und mit den Symbolen deiner Wahl verzieren. Der Ton gibt dir außerdem die Möglichkeit, kleine Kristalle einzufassen. Visualisiere bei der Herstellung, wie deine Energie in ihn hineinfließt und du ihn dir dadurch gleichzeitig weihst.

Übe, dich beim Anblick von kochenden Inhalten egal welcher Art – das kann auch dein Mittagessen sein – in Trance fallen zu lassen. Betrachte die aufsteigenden Blasen und den Dampf und konzentriere dich dabei auf deinen Atem. Fühle, wie du dich immer mehr entspannst, bis du das Gefühl hast, in den Topf hineingezogen zu werden. Jetzt kannst du eine Intention setzen und visualisieren, wie sie in den Inhalt fließt. Der Inhalt trägt die geistige Energie deiner Intention und kann durch das Verzehren integriert und umgesetzt werden. Es ist eine einfache, aber sehr wirksame Methode der magischen Manifestation.

Das Räuchern im Hexenkessel

Hexenkessel können auch zum Räuchern genutzt werden. Da in ihm Dinge verbunden und verschmolzen werden, kannst du zunächst unterschiedliche Kräuter in ihm zu einer Räuchermischung verbinden und segnen. Gib dazu konzentriert die einzelnen Kräuter nacheinander hinein. Fühle und visualisiere die Energie jeden Krautes. Dann vermenge sie und sprich dabei einen Segensspruch, der zu deiner Intention passt. Visualisiere, wie sich ihre Energien verbinden und eins werden. Danach kannst du sie auf Sand und Räucherkohle in dem Topf verräuchern und sie dadurch zusätzlich mit dem Element Luft verbinden.

In einem Zauber kannst du ebenfalls unterschiedliche Symbole in deinem Hexenkessel nach und nach zusammenführen und zu einer Intention verbinden, z. B. einen Schmuckanhänger, Kräuter, Kristalle und eine Sigille für Glück. Sprich danach einen Segensspruch, vermenge alles und lasse es drei Tage bei Vollmond stehen, bevor du deinen Glücksbringer – den Schmuckanhänger – herausnimmst und bei dir trägst.

Unendliches Füllhorn

Manchmal fühlt man sich in einem bestimmten Lebensbereich leer und ausgelaugt, weil man die eigenen Ressourcen vollkommen aufgebraucht hat. Vielleicht hast du das Gefühl, dass du deine Kreativität, deine Emotionen, deine Geduld, dein Geld für eine bestimmte Sache vollkommen erschöpft hast, jedoch sehnst du dich nach der Fülle, die du einst hattest. Die Erde ist der Inbegriff von Fülle und Überfluss, nicht nur im finanziellen Sinn. Hier findest du unendliche Ressourcen, von denen du – selbst Teil der Erde – schöpfen kannst. Führe den Zauber an einem Vollmond durch.

Die Fülle der Erde

Was du dafür brauchst:

- Hexenkessel
- fünf grüne Kerzen
- drei Haare
- Zettel und Stift
- Räucherung mit Kräutern für Fülle und Erfolg, z. B. Basilikum, Orangenschale, Sternanis
- Blumen für Fülle und Erfolg, z. B. Flieder, Hortensie, Pfingstrose, Sonnenblume
- Kristalle für Fülle und Erfolg, z. B. Aventurin, Bergkristall, Citrin, Fluorit, Tigerauge

Arrangiere die fünf grünen Kerzen an den Spitzen eines gedachten Pentagramms mit ca. vierzig Zentimetern Durchmesser um deinen Hexenkessel herum. Entzünde sie und die Räucherung. Komme beim Anblick zur Ruhe. Jetzt entwirf eine Sigille für deine Intention der Fülle und des Überflusses für einen Lebensbereich oder eine bestimmte Angelegenheit. Lege das Papier und deine drei Haare in den Hexenkessel. Streue langsam und bedächtig die Blumen hinein und sprich:

Fülle der Erde, Blumensegen,
regne herab, hinein in mein Leben.

Visualisiere, wie ihre Energie in die Sigille übergehen. Als Nächstes gieße von jeder grünen Kerze Wachs in den Kessel und sprich:

Fruchtbarkeit verbinde,
erschaffe in dieser Stunde,
ein Leben voller Überfluss,
wachsend aus tiefstem Grunde.

Visualisiere, wie die Energien durch das Wachs verschmelzen. Lasse das Wachs abkühlen, bevor du die Kristalle in den Hexenkessel gibst. Besitzt du nicht genügend Kristalle, um den Kessel zu füllen, kannst du Münzen oder Schmuck benutzen, die als Metalle ebenfalls die Erde symbolisieren. Sprich dabei:

Der Reichtum der Erde,
er ist nun mein,
in diesem Kreis,
so soll es sein!

Visualisiere, wie der Hexenkessel vor lauter Fülle überfließt. Als Abschluss ziehe mit dem Finger deiner dominanten Hand ein Pentagramm über den Kerzen.

DER HEXENKELCH

So wie den Kessel findet man kultische Kelche schon sehr früh in der Menschheitsgeschichte, beispielsweise als Grabbeigaben. Die mittelalterliche Legende des Heiligen Grals ist die bekannteste, die in vielen Fassungen von einem magischen Kelch handelt, der ewiges Leben, Glück und Reichtum bringen soll. Die Artussage handelt in weiten Teilen von ihm. Sie ist stark von dem keltischen Gefäßkult geprägt, vermischt mit christlichen und orientalischen Mythen. Durch den christlichen Einfluss wurde der Heilige Gral als Kelch gedeutet, den Jesus beim letzten Abendmahl benutzt haben soll und in dem sein Blut bei

der Kreuzigung aufgefangen worden sein soll – aus christlicher Sicht ein Menschenopfer. Heutzutage ist der Kelch daher vor allem aus der christlichen Messe bekannt. Durch die Segnung des Priesters soll sich der in ihm enthaltene Wein in das wahre Blut Jesu verwandeln, das den Gläubigen ewiges Leben für ihre Seelen bringen soll.

So wie der Kessel die Konnotation von festen Speisen und körperlicher Versorgung trägt und damit dem Element Erde entspricht, trägt der Kelch die Konnotation der Versorgung mit Flüssigkeit und entspricht dem Element **Wasser** mit all seinen Bedeutungen. Die nach oben geöffnete Form mit dem nach unten verlaufenden Stiel wird ähnlich wie der Kessel als Uterus, jedoch mit Geburtskanal, gedeutet, das Wasser als Fruchtwasser.

Da ein Kelch wie ein Kessel Zutaten empfängt, wird er dem **passiven**, **empfangenden** Prinzip zugeordnet. In der Magie wird der Kelch daher für Zauber genutzt, die sich um Themen des Elements Wasser drehen. Aus ihm können Tränke getrunken werden, die die Hellsichtigkeit, die Intuition und die Verbindung zu den eigenen verdrängten Emotionen unterstützen. Aber auch Fruchtbarkeits- und Erfolgsrituale profitieren von seiner lebensspendenden Energie. **Hydromantie** – das Wasserlesen – kann mit ihm durchgeführt werden, indem man sich durch den Anblick des im Kelch enthaltenen Wassers in Trance sinken und intuitiv innere Bilder als Antworten auf die eigenen Fragen erscheinen lässt.

Er eignet sich als Gefäß für Trankopfer, als sogenanntes Libationsgefäß, aus dem Sonnen- und Mondwasser, Wein, Saft etc. als Gaben an Geistwesen dargebracht werden.

Der Kelch im Buch der Schatten

Widme eine Seite deines Buchs der Schatten dem Kelch. Hier kannst du deine Erfahrungen aus den folgenden Meditationen und Ritualen notieren und mit späteren Resultaten abgleichen oder eigene Kelch-Rituale entwerfen.

Schreibe auf, was du persönlich mit ihm verbindest. Was sind deine spontanen Assoziationen, wenn du an ihn denkst oder einen betrachtest? In ihnen wirst du zusätzliches Manifestationspotenzial zu den traditionellen Bedeutungen finden.

Die Arbeit mit dem Kelch

Das Material des Kelches kann unterschiedliche Intentionen verstärken:

- Glas wird seiner Transparenz wegen dem Element Wasser zugeordnet, sodass es die Eigenschaften des Kelches verstärkt.
- Metall als leitendes Material kann dazu genutzt werden, Informationen zu verstärken und zu empfangen, z. B. bei der Hydromantie.
- Keramik schenkt wie sein Element Erde Erdung, Stabilität und ein festes Fundament für Wasserzauber mit dem Kelch. Aus Ton selbst hergestellt, kannst du einen Kelch zusätzlich mit persönlichen Symbolen verzieren und Kristalle einfassen.

Weihe deinen Kelch, indem du ihn mit Wasser füllst und etwas Speichel hinzugibst. Führe die restliche Weihe wie beschrieben durch. Wasche ihn am nächsten Tag mit Wasser ab.

Du kannst den mit Wasser gefüllten Kelch bei Ritualen jeder Art stehenlassen. Das Wasser wirkt als Speichermedium, das die Informationen des Rituals aufnimmt. Nach einem positiven Zauber kannst du das Wasser trinken und so die Intention zusätzlich physisch aufnehmen. Nach einem negativen Ritual, z. B. bei einem Verteidigungszauber oder einer Fluchauflösung, kannst du das Wasser als Akt der finalen Reinigung wegschütten.

Bereit für die Heilung

Hast du wegen eines bestimmten emotionalen Problems schon länger Schattenarbeit durchgeführt und bist für vollkommene emotionale Heilung bereit, eignet sich dieser Zauber zur Verstärkung und bewussten geistigen Öffnung. Führe ihn an einem Neumond durch.

Emotionale Heilung

Was du dafür brauchst:
- Hexenkelch
- Neumondwasser
- Kräuter für emotionale Heilung, z. B. Kamille, Lavendel, unbehandelte Rosenblüten, Zitronenmelisse
- 2 Esslöffel Zucker
- zwei weiße Kerzen

Fertige an einem Neumond Mondwasser an und kreiere eine Sigille, die für emotionale Heilung steht. Am folgenden Tag zermahle die getrockneten Kräuter deiner Wahl. Bringe den Zucker in einer Pfanne bei mittlerer Hitze vollständig zum Schmelzen. Dann gib die dickflüssige Masse auf Backpapier. Ideal wäre ein Kreis, der später ganz in deinen Hexenkelch passt. Wenn die Masse eine andere Form annimmt, ist das aber nicht weiter schlimm. Gib jetzt die getrockneten Kräuter in Form deiner Sigille auf die Masse, drücke sie fest und lasse alles abkühlen.

Entzünde bei Dunkelheit die beiden weißen Kerzen und ggf. eine Räucherung mit den gleichen Kräutern. Dann bringe das Neumondwasser zum Kochen, gib es in den Kelch und stelle ihn zwischen die Kerzen. Komme beim Anblick der Flammen, der Räucherung und des Dampfes zur Ruhe. Visualisiere noch einmal, in welchem Bereich du Heilung empfangen möchtest. Dann gib die Sigille aus Karamell, dessen Süße emotionale Heilung verkörpert, mit folgendem Zauberspruch in das heiße Wasser:

**Verbinde meine Wunde,
heile meinen Schmerz,
ich öffne mich der Liebe,
ströme jetzt in mein Herz.**

174

Rühre darin umher, bis sich das Karamell aufgelöst hat, und visualisiere, wie sich die Energien der Heilung im Wasser ausbreiten. Jetzt nimm den Kelch und trinke ihn langsam aus. Fühle, wie Heilung dich und deine Emotionen durchströmt, Blockaden auflöst und dein Inneres weit und weich macht. Öffne dich vollkommen und fülle deine Wunden mit Liebe zu dir.

Wenn du dich bereit fühlst, sprich: »So sei es!« und beende den Zauber.

DER ZAUBERSTAB

Schon im alten Ägypten wurden Zauberstäbe aus Nilpferd-Stoßzähnen genutzt, die mit Zaubersprüchen und Schutzzeichen versehen wurden. Der altgriechische Dichter Homer beschreibt in seinen Dichtungen der *Illias* und der *Odyssee* einige Zauberstäbe von Göttern und Zauberinnen. Die Zauberin Kirke z. B. benutzte ihren Zauberstab, um Odysseus' Männer in Schweine zu verwandeln.

Auf den ersten Blick mag es verwundern, dass einfachen Stäben in vielen Kulten und Mythologien magische Kräfte zugesprochen wurden. Bei dem Kessel und dem Kelch ist es verständlicher. Es sind Utensilien, die seit Menschengedenken wahrscheinlich jeden Tag mehrmals benutzt wurden und damit eine große symbolische Bedeutung trugen, die nur noch in eine magische umgewandelt werden musste. Ein einfacher Stab oder Ast jedoch scheint für uns Menschen heutzutage nicht besonders viel Bedeutung zu tragen. Jedoch ist das Gegenteil der Fall. Stäbe gehören mit an Sicherheit grenzender Wahrscheinlichkeit zu den ersten menschlichen Werkzeugen. Mit einem Stab konnten sich schon die Frühmenschen verteidigen, kleine Beute erlegen, Zelte errichten, weitere Werkzeuge und Waffen bauen, auf Dinge zeigen, in den Boden zeichnen etc. Die Liste kann beliebig weitergeführt werden. Interessant ist, dass auch in mythischen Erzählungen die Zauberstäbe beliebig viele magische Funktionen aufweisen. Es ist daher kein Zufall, dass ein Zepter – ein besonders ausgeschmückter Stab – ein Herrschaftssymbol ist. Ein Stab kann über viele Lebensbereiche »herrschen«. Der Stab versinnbildlicht damit den Verstand, der nötig ist, um aus einem einfachen Ast ein Werkzeug für all die unterschiedlichen Einsatzmöglichkeiten zu machen. Er symbolisiert die Macht und die Freiheit des Geistes, die die Richtung eines Zaubers formulieren und anzeigen. Da Holz als Teil einer Pflanze Sauerstoff enthält, von diesem aber nicht verzehrt wird, enthält und verkörpert es geistig das Element Luft. Als phallisches Symbol wird ihm das aktive, sendende Prinzip zugeordnet, das die Intention durch ihn hinausschickt. Mit ihm kann auf Utensilien, Sigillen, Fotos, Kristalle etc. gezeigt und der Wunsch, visualisiert durch das Hexen-Werkzeug, gesendet werden. Er fungiert als Wirkverstärker. Das gilt nicht nur für das Endziel eines Zaubers, sondern auch für die Zwischenschritte. Vielleicht möchtest du die geistige Bedeutung von

Kristallen in ein Bild schicken. Dann berühre mit deinem Zauberstab einen Kristall und visualisiere, wie der Kristall aktiviert wird und seine Kraft in das Bild fließt. Am Ende kannst du die mit jedem Schritt aufgebaute Intention des gesamten Rituals mit einem Zauberstab nach oben oder von dir weg zeigend visualisiert in die Realität schicken.

Dem Zauberstab wird außerdem nachgesagt, Energien zu verbinden. Das ist der Grund, aus dem Hexen den Zauberstab über dem Hexenkessel schwingen. Hier werden durch beide Werkzeuge Energien verbunden.

Der Zauberstab im Buch der Schatten

Widme eine Seite deines Buchs der Schatten dem Zauberstab. Hier kannst du deine Erfahrungen aus den folgenden Meditationen und Ritualen notieren und mit späteren Resultaten abgleichen, du kannst auch eigene Zauberstab-Rituale entwerfen.

Schreibe auf, was du persönlich mit ihm verbindest. Was sind deine spontanen Assoziationen? In ihnen wirst du zusätzliches Manifestationspotenzial zu seinen traditionellen Bedeutungen finden.

Die Arbeit mit dem Zauberstab

Kessel, Kelch und Athame können, ob gebraucht oder neu, fertig gekauft werden. Möchte man sie selbst herstellen, ist der Prozess relativ aufwendig, dafür aber natürlich am Ende lohnend. Bei einem Zauberstab sieht das anders aus. Er ist relativ einfach selbst herzustellen, indem man einen Ast zurechtschnitzt, verziert und so mit der eigenen Energie prägt.

Bevor du einen Ast von einem Baum brichst, nimm Kontakt zu seinem Geist auf, so wie im Abschnitt zu den Naturgeistern beschrieben. Bitte den Baum um Erlaubnis. Wenn du sie erhältst, bringe dem Baum als Dank und Energieausgleich eine Opfergabe dar. Je enger deine Beziehung zu dem Baum ist, desto schneller wird sich der Zauberstab auf dich und deine Energie einstellen und wirst du mit ihm arbeiten können.

Zu den Hölzern, aus denen traditionell Zauberstäbe gefertigt werden, gehören folgende:

Apfel
Das Holz des Apfelbaums wird mit Selbstliebe, Fruchtbarkeit, Sexualität und daher auch mit Liebesgöttinnen assoziiert.

Birke
»Die weiße Herrin des Waldes« repräsentiert die Magie des Anfangs. Sie eignet sich perfekt für Junghexen.

Eiche
Die Eiche wird in vielen Kulten mit männlichen Himmels- und Donnergöttern verbunden und steht für Autorität, Macht, Durchsetzungsfähigkeit und Weisheit.

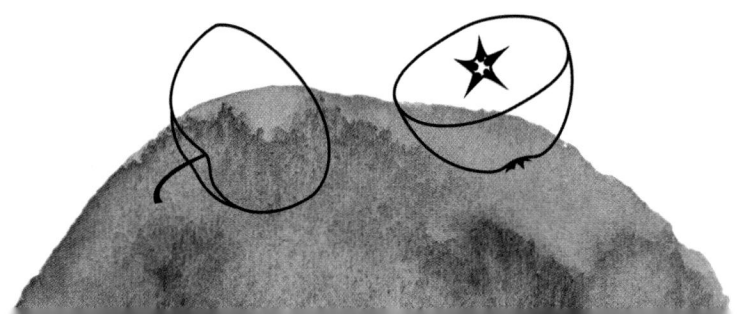

Esche

In der europäischen Volksmagie ist die Esche einer der heiligsten Bäume, auch bekannt als Weltenbaum, der jede Art von Magie verstärkt und fokussiert.

Haselnuss

Haselnuss wird traditionell für jede Art von Zauberstab verwendet. Sie schenkt Hellsichtigkeit, eine starke Verbindung zur Natur und Wunscherfüllung.

Holunder

Der Holunder besitzt einen starken Bezug zur Unterwelt und alter, roher Magie. Ein weitverbreiteter Aberglaube besagt, dass der Holunder nicht geschnitten und gefällt werden darf, sonst droht der Fluch des Holundergeistes. Möchtest du einen Zauberstab aus diesem Holz anfertigen, nimm nur von selbst abgefallene Äste. Die Arbeit mit einem Holunderstab ist Fortgeschrittenen zu empfehlen.

Weide

Als Baum, der meist an Gewässern und feuchten Orten wächst, besitzt die Weide einen Bezug zum Unbewussten und der Unterwelt. Sie kann Heilung und tiefe Weisheit schenken.

Weißdorn

Der Weißdorn ist eng verbunden mit der Welt der Elfen und anderen geistigen Dimensionen. Er besitzt eine eigene mächtige und komplexe Magie, die eher für Fortgeschrittene geeignet ist.

Zeder

Die Zeder ist einer der ältesten Bäume der Erde. Sie steht für Stabilität, Reinigung und Schutz. Ihre Energie schafft heilige und geschützte Räume.

Hast du ein passendes Holz gefunden, schneide den Ast auf eine für dich passende Länge. Glätte die Oberfläche, wenn gewünscht, mit Sandpapier. Mit einem Messer kannst du einen Griff formen, indem du den restlichen Stab dünner schnitzt. Du kannst persönliche magische Symbole hineinschnitzen oder zeichnen. Auch kannst du ein oder beide Enden einschneiden und kleine Kristalle einklemmen, die du zusätzlich mit Harz, Draht oder Bändern befestigst. Bearbeite deinen Zauberstab, bis du das Gefühl hast, dass er deine Energie widerspiegelt.

Weihe den Zauberstab, indem du ihn in Weihrauch hältst, tief Luft holst und langsam gegen ihn pustest. Visualisiere, wie deine Energie mit deinem Atem in ihn hineinfließt und sich mit seiner Energie verbindet. Führe die restliche Weihe wie angegeben durch, indem du z.B. an einem Neumond drei deiner Haare, Fotos oder ein Kleidungsstück um ihn wickelst und Zaubersprüche sprichst (siehe S. 162).

Das Berufliche unterstützen

Der Lebensbereich des Berufs wird neben der Erde für den finanziellen Aspekt mit dem Element Luft assoziiert, weil man im Normalfall eine entsprechende Bildung und Ausbildung für das Berufsleben erhält, was den Verstand fordert. Führe den folgenden Zauber an einem Neumond durch.

Eine neue Arbeitsstelle

Was du dafür brauchst:

- neun blaue Kerzen
- Zettel und Stift
- Hexenkessel
- eine Räucherung mit Kräutern für beruflichen Erfolg, z. B. Lorbeer, Pfefferminze, Zitronengras
- Neumondwasser
- Papier
- einen Kristall für beruflichen Erfolg, z. B. Aventurin, Fluorit, Lapislazuli
- Zauberstab

Entwirf eine Sigille für einen neuen Arbeitsplatz und ritze sie in die Kerzen. Stelle sie in einer Spirale auf, die zum Hexenkessel im Mittelpunkt führt. Der Kessel stellt das feste Fundament für deinen Zauber dar. Entzünde die Kerzen und die Räucherung mit den Kräutern für Erfolg im Kessel. Komme beim Anblick zur Ruhe und visualisiere deine Intention der neuen Arbeitsstelle. Jetzt nimm deinen Zauberstab und führe ihn langsam in einer Spirale über den Kerzen hin zum Hexenkessel. Sprich oder singe dabei folgenden Zauberspruch:

Luft und Feuer,
drei mal drei,
bringt Freiheit,
bringt Neues,
bringt Arbeit herbei!

Visualisiere, wie die Kerzen durch den Zauberstab und -spruch aktiviert werden und die Kraft ihrer Bedeutung anfängt, in einer Spirale zu fließen. Über dem Hexenkessel und der Räucherung bewege den Zauberstab weiter in einer Kreisbewegung. Fühle, wie sich die Luft-Energien des Verstandes ansammeln und sich kreisend weiter aufladen. Visualisiere, wie sich die Räucherung mit deiner Intention anfüllt und sie zur Manifestation in die Geistwelt trägt. Erhalte diese Visualisierung aufrecht, bis du das Gefühl hast, es sei genug.

Entspanne dich beim Anblick von Feuer und Rauch und achte auf spontane Eingebungen, wo du dich z. B. bewerben kannst. Lasse alle Kräuter auf der Kohle verräuchern. Dann mische ihre Asche in einem separaten Behältnis mit etwas Neumondwasser. Reibe deine Handflächen mit dem Gemisch ein und sprich:

Ich empfange, nehme auf und werde weit,
ich öffne meine Hände, sie sind bereit.

Wasche deine Hände nicht bis zum nächsten Morgen. Entzünde die Kerzen regelmäßig bis zum folgenden Vollmond. Lasse sie dann ganz herunterbrennen. An diesem Tag ist der Zauber erfüllt, und du kannst sehr bald mit guten Neuigkeiten rechnen.

DAS ATHAME

Ritualdolche findet man wie die übrigen Hexen-Werkzeuge ebenfalls schon früh in der Menschheitsgeschichte. Dem südostasiatischen *Kris* (malaiisch *keris* = Dolch) wird nachgesagt, eine eigene Seele und Persönlichkeit zu besitzen, die seinen Träger beeinflusst. Mit einer Kris-Spitze auf einen Menschen zu zeigen, soll diesem den Tod bringen können. Das dreiseitige tibetanische *Phurba* kennzeichnet einen Gebetsplatz, indem man ihn senkrecht in die Erde stößt. Damit wird er zur Weltachse bzw. zum Weltenbaum, an dessen Mittelpunkt man sich nun befindet.

Priester des Zoroastrismus, der Tausende Jahre alten iranischen Religion, nutzten ebenfalls einen Ritualdolch, einen *Kaplo,* um eine Furche in den Boden zu ziehen und so einen geheiligten rituellen Platz zu schaffen, der vor negativen Einflüssen geschützt ist. Ganz ähnliche Funktionen besitzt das heutige Athame der

Hexen. Die Herkunft des Namens ist nicht ganz geklärt, geht aber wahrscheinlich auf das lateinische *artavus* für »Federmesser«, also Messer, mit denen Schreibfedern geschärft wurden, zurück. In einem lateinischen Manuskript des Grimoires *Clavicula Salomonis* (lat. »Der Schlüssel Salomons«) aus dem 17. Jahrhundert finden sich Zeichnungen unterschiedlicher Dolche. Einer von ihnen trägt die Beschreibung *artavo*.

Während ein Stab oder Stock endlose Einsatzmöglichkeiten besitzt, hat ein Messer nur eine – zu schneiden. Der Akt des Schneidens geht immer mit Veränderung, oft auch Zerstörung einher. Die Assoziation mit Gewalt ist bei einem Dolch, einer Stichwaffe, immer vorhanden. Veränderung, Zerstörung und Gewalt sind Eigenschaften des Elementes Feuer, das in der Lage ist, zu verzehren, zu verbrennen und den Aggregatzustand von Materie zu transformieren. Das Athame ist daher das Hexen-Werkzeug des Willens und der Gewalt über die eigene Realität. Es ist das Werkzeug der schnellen Transformation und Manifestation. Durch Feuer erschaffen, ist es durch Feuer kaum zu zerstören. Es ist in der Lage, durch Reibung Funken zu schlagen.

In der Hexerei wird es dazu benutzt, den magischen Kreis zu ziehen, den rituellen Arbeitsplatz also vom alltäglichen Raum abzugrenzen, Energien zu fokussieren und voneinander zu unterscheiden – im Gegensatz zum verbindenden Zauberstab.

In älteren Grimoires ist davon die Rede, dass man sich mit ihm gegen negative Energien und Entitäten wehren kann. Geistwesen wurden mit ihm bedroht und gedrängt zu erscheinen, wann immer man das wollte. Diese Praktik ist aber überholt. Die Zusammenarbeit mit Geistwesen sollte immer auf gegenseitigem Einverständnis beruhen. Nur so ist ein folgender Segen wahrscheinlich.

Das Athame kann wie der Zauberstab als phallisches, aktiv sendendes Symbol dazu genutzt werden, Intentionen hinauszuschicken.

Das Athame im Buch der Schatten

Widme eine Seite deines Buchs der Schatten dem Athame. Hier kannst du deine Erfahrungen aus den folgenden Meditationen und Ritualen notieren und mit späteren Resultaten abgleichen. Auch kannst du eigene Athame-Rituale entwerfen.

Schreibe auf, was du persönlich mit ihm verbindest. Was sind deine spontanen Assoziationen? In ihnen wirst du zusätzliches Manifestationspotenzial zu den traditionellen Bedeutungen finden.

Arbeiten mit dem Athame

Durch seine starke Symbolkraft gibt es unter Hexen die Weisung, das Athame nicht zum physischen Schneiden zu nutzen, auch nicht für das Bearbeiten von Kräutern beispielsweise. Durch dieses Tabu erhält es noch mehr rein geistige Symbolkraft, die du in Zaubern einsetzen kannst. Der Schaft ist traditionell schwarz. Die Farbe Schwarz soll die Energie der Intention durch die Hand aufnehmen und in die Klinge freigeben. Die Klinge ist traditionell zweischneidig, sodass in jede Richtung visualisiert geschnitten werden kann.

Reinige und weihe dein Athame je nach Material über oder in einer Flamme. Beim Weihen ritze zusätzlich eine Sigille, die für deinen Willen steht, in die Kerze.

Anmerkung: Was die magischen Funktionen von Zauberstab und Athame angeht, teilen sich westlich geprägte Hexen heutzutage in zwei Lager. Das eine Lager ordnet den Zauberstab dem Element Luft und das Athame, den Ritualdolch, dem Feuer zu.

Das andere Lager ordnet den Zauberstab dem Element Feuer zu, da er meist aus Holz besteht und somit brennbar ist. In diesem Sinne symbolisiert er den »brennenden« Willen der Hexe. Der entgegengesetzten Interpretation zufolge symbolisiert das Athame den »schneidenden« Verstand und damit das Element Luft.

Beide Deutungen haben ihre Berechtigung und funktionieren entsprechend in Zaubern und Ritualen, wenn man sich erst einmal für eine der Interpretationen dem eigenen Empfinden nach entschieden hat.

Magischer Schutz

Du hast im Abschnitt über das Unbewusste gelernt, einen Schutz vor der magischen Arbeit durch Visualisierung aufzubauen. Das Ziehen des magischen Kreises mit dem Athame ist jedoch eine noch kraftvollere Art, weil die Symbolik so eindrücklich ist – du trennst einen Raum mit einer scharfen Waffe ab. Diese Technik des Schutzes ist besonders für Zauber und Rituale zu empfehlen, bei denen man den eigenen Geist weit öffnet oder bei denen man fremde Energien bannt oder bricht.

Den magischen Kreis ziehen

Was du dafür brauchst:

- dein Athame
- Zettel und Stift

Fertige ein Symbol oder eine Sigille an, die für dich Schutz symbolisieren. Das kann klassisch ein Pentagramm sein oder jedes andere Symbol, das du mit Schutz assoziierst. Präge es dir ein.

Komme mit einer Atemübung und Körperentspannung zur Ruhe. Erde und zentriere dich. Jetzt nimm dein Athame in deine dominante Hand und stelle dich nach Osten blickend hin. Er entspricht dem Sonnenaufgang bzw. dem Neumond. Strecke das Athame vor dich aus und sprich oder singe folgenden Zauberspruch:

Ich rufe an die Mächte der Anfänge, die Mächte der Geburt, die Mächte des ersten Lichts! Kommt und schützt diesen Kreis!

Zeichne dein Schutzsymbol in die Luft und visualisiere, wie es Feuer fängt. Halte dein Athame weiter in der Luft und ziehe es in einem brennenden Bogen nach Süden. Er entspricht der Mittagszeit bzw. dem Vollmond. Zeichne das Symbol oder die Sigille in die Luft. Sprich oder singe folgenden Zauberspruch:

Ich rufe an die Mächte der Fülle, die Mächte des Überflusses, die Mächte der Vollkommenheit! Kommt und schützt diesen Kreis!

Zeichne auch hier das Schutzsymbol in die Luft und visualisiere, wie es Feuer fängt. Halte dein Athame weiter in der Luft und ziehe es in einem brennenden Bogen nach Westen. Er entspricht dem Sonnenuntergang bzw. dem abnehmenden Mond. Sprich oder singe folgenden Zauberspruch:

Ich rufe an die Mächte der Reife, die Mächte des Alters, die Mächte des letzten Lichts! Kommt und schützt diesen Kreis!

Zeichne das Schutzsymbol in die Luft und visualisiere, wie es Feuer fängt. Halte dein Athame weiter in der Luft und ziehe es in einem brennenden Bogen nach Norden. Er entspricht der Nacht bzw. dem Schwarzmond. Er ist Ort des Übergangs von Tod zu Leben und damit Ort magischer Transformation. Zeichne das Symbol oder die Sigille in die Luft. Sprich oder singe folgenden Zauberspruch:

Ich rufe an die Mächte des Todes, die Mächte des Übergangs, die Mächte der Transformation, kommt und schützt diesen Kreis!

Visualisiere, wie es Feuer fängt. Schließe den Kreis, indem du das Athame in einem Bogen zurück in den Osten ziehst. Visualisiere jetzt, wie sich der Feuerring mit den brennenden Symbolen nach oben und unten ausbreitet und eine gleißende, alles Negative abwehrende Kugel um dich und deinen magischen Arbeitsplatz formt.

DER ALTAR

Genauso wie es für eine Hexe hilfreich sein kann, feste Werkzeuge zu haben, die sich über die wiederholte Verwendung mit ihrem Willen aufladen, kann es von Vorteil sein, einen festen Ort zu besitzen, an dem man sich mit dem Einen verbindet. Auf diese Weise wird der Ort durch den ständigen Austausch und Fluss mit der Geistwelt zu einem heiligen Ort – zu einem Altar. Der Altar einer Hexe ist ihr Ort der Einheit, der Liebe und Magie, an dem sie sich geschützt vollkommen öffnen und zu einem Kanal ihres höheren Ichs werden kann. Hier wird Materie zu Geist und Geist zu Materie. Betrachtet man die Altäre anderer Glaubensrichtungen, fällt auf, dass sie – im scheinbaren Widerspruch zu ihrer Funktion der Verbindung und Einheit – immer abgetrennt von der profanen Welt stehen. In Tempeln und Kirchen befinden sich Altäre an einer separaten Stelle, erhöht durch Stufen, manchmal abgetrennt durch einen Sichtschutz. Der Grund dafür ist, dass Abtrennung von der Welt des Alltags notwendig ist, wenn man sich voll und ganz auf die Welt des Geistes einlassen will. Stille, Ruhe, Abgeschiedenheit – all das hilft, um den Geist zu öffnen und für die eigentliche Einheit vorzubereiten. Für eine Hexe stellt ihr Altar also einen abgetrennten physischen Ankerpunkt dar, an dem sie in Kontakt zur Geistwelt tritt, sei es durch Entspannung, Meditation, Trance oder Visualisierung, und an dem sie ihren göttlichen Willen in Zaubern und Ritualen erschafft. Hier werden ihr Buch der Schatten, ihre Hexen-Werkzeuge, Kerzen, Kräuter, Kristalle und Orakel aufbewahrt und durch ihren Gebrauch geheiligt.

So wie die Hexen-Werkzeuge Abbilder deines Inneren sind, sollte dein Altar zu einem Abbild von dir werden. Richte ihn so ein, dass er dich widerspiegelt. Wähle die Tischtücher, Kerzen, Figuren, Lichtspiele u. Ä. deinem persönlichen Geschmack nach. Der Anblick sollte dir dabei helfen, dich zu entspannen und zu dir selbst zu finden. Hier kannst du außerdem durch Pflanzen, Blumen und Kristalle die Natur zu dir holen, wenn du sonst wenig Möglichkeit hast, in die Natur zu gehen. Da der Altar über dein höheres Ich dein Kontaktpunkt zur Geistwelt ist, kannst du hier Geistwesen anrufen, dich durch Orakelmethoden mit ihnen austauschen und ihnen Opfergaben darbringen.

Der beste Ort für deinen Altar

Stelle Meditationsmusik in deiner Wohnung an und versetze dich durch eine Atemübung und Körperentspannung in eine leichte Trance. Gehe nun langsam durch die Zimmer und sei offen für Eindrücke, wo genau dein neuer Altar stehen soll. Wenn du einen Ort gefunden hast, führe hier den Ruf nach ihm aus.

Skizziere einige Ideen zur Gestaltung deines Altars in deinem Buch der Schatten, z. B.:

- Welches der magischen Elemente spiegelt deine individuelle Energie am stärksten wider?
- Welche Energien möchtest du sonst noch über deinen Altar manifestieren? Spiritualität, Positivität, Harmonie, Frieden, Liebe etc.?
- Welche Farben passen dazu?
- Welche Dekoration passt dazu?
- Welche Pflanzen, Kristalle, Bücher passen dazu?
- Wie sollten die Hexen-Werkzeuge angeordnet sein?

Nutze die Einrichtung deines Altars gleichzeitig als seine Weihe, indem du visualisierst, wie deine Energie in ihn hineinfließt.

KERZEN, KRÄUTER UND KRISTALLE

Du hast einige Zauber und Rituale kennengelernt, in denen Kerzen, Kräuter und Kristalle eingesetzt werden, um die Manifestation der Intention zu unterstützen. Sie können aber auch als Hauptwerkzeug genutzt werden. Sich mit ihren geistigen Eigenschaften eingehender auseinanderzusetzen und sich vollkommen auf ihre Magie einzulassen, wird dir ein tieferes Verständnis und eine engere Beziehung zu ihnen für deine Hexenkunst schenken.

KERZENMAGIE

Im Abschnitt über das Element Feuer hast du gelernt, wie du Kerzen als Symbole und Platzhalter für den wahren Willen und mit der geistigen Kraft der Farben verbinden kannst. Aber Kerzen können noch viel mehr. Entzündet man sie bei Dunkelheit, leiten sie durch ihr Flackern und ihren warmen Schein sanft in Trance. Sie eignen sich als Platzhalter für unterschiedliche Intentionen, die durch ihr Entzünden aktiviert werden und durch die Wahl ihrer Anzahl, ihrer Platzierung, ihrer Formen und ihrer Vorbereitung mit Symbolen und Kräutern ein eigenes Ritual bilden können.

Im Folgenden findest du unterschiedliche Gestaltungsmöglichkeiten.

192

Die Anzahl der Kerzen

Durch die mit Zahlen und Mengen gesammelten menschlichen Erfahrungen besitzen diese besonders viel geistige Information und Symbolwirkung. Beispielsweise erinnert die Zwei an zwei Menschen, die ein Paar bilden. Sie sind voneinander getrennt, ziehen sich aber gegenseitig an. Die Zwei steht damit unter anderem für Trennung, Anziehung und Balance. Zahlen an und für sich sind jedoch rein geistige Konzepte, was sie in das Reich der Magie rückt. Was ist eine Eins? Was ist eine Vier? Man kann Zahlen und Rechnungen zwar niederschreiben und so darstellen, ihre Bedeutung ist aber nicht in der Darstellung zu finden, ähnlich wie bei der Sprache. Jede Zahl von eins bis neun besitzt eine archetypische Bedeutung, die sich bei den höheren Zahlen aus einer Addition aus niedrigeren Zahlen ergibt. Wähle die Anzahl der Kerzen deiner Intention nach aus:

Eins: Einheit, Geist, Wille, Intention, Anfang

Zwei: Polarität, Trennung, Anziehung, Spannung, Gleichgewicht

Drei: Fortpflanzung, Vermehrung, Fruchtbarkeit, Glück

Vier: vier Jahreszeiten, Himmelsrichtungen, Elemente und Gliedmaßen – steht daher für die irdische Dimension, Materie, die physische Welt, den Körper

Fünf: Verschmelzung von Geist (Eins) + Materie (Vier)

Sechs: Zwei × Drei – Ausgewogenheit und Harmonie des Ergebnisses

Sieben: Länge einer Mondphase, Verbindung zum empfangenden Prinzip, Spiritualität, Emotionalität, das Unbewusste

Acht: Zwei × Vier, großer materieller Reichtum

Neun: Drei × Drei, starke Vermehrung, großes Glück

Geometrische Formen

Du kannst die Kerzen in geometrischen Figuren, die die Zahlensymbolik widerspiegeln, arrangieren und inmitten der Kerzen dein Ritual durchführen:

Punkt
Eine Kerzenflamme dient der größtmöglichen Konzentration und Fokussierung des Geistes und des Willens.

Linie
Zwei Kerzen kannst du in einer Linie aufstellen und die Spannung zwischen ihnen nutzen. Oder aber du stellst sie so dicht zusammen, dass ihr Wachs beim Abbrennen verschmilzt, sodass du für deinen Wunsch eine Verschmelzung erreichst.

Dreieck
Stelle drei Kerzen in einem Dreieck auf, um in ihrer Mitte Vermehrung

und Glück für deine Intention zu fokussieren. Zusätzlich kannst du ein von dir weg zeigendes Dreieck als Symbol für das Element Feuer nutzen oder ein zu dir zeigendes Dreieck als Symbol für das Element Wasser.

Quadrat

Vier Kerzen kannst du in einem Quadrat aufstellen, wenn es in deinem Zauber um deine physische Welt, deinen Körper oder deine Finanzen geht. Es bringt Struktur und Sicherheit in deine Intention. Zusätzlich kannst du eine Kerze jeweils einem der Elemente weihen, indem du eine entsprechende Farbe wählst.

Pentagramm

Fünf Kerzen kannst du an die Spitzen eines gedachten Pentagramms stellen. Es symbolisiert, wie erwähnt, die Einheit von Geist und Materie und ist damit Ausdruck von Manifestationsenergie und Macht. Es ist ein kraftvolles Schutzsymbol. Die Linien kannst du mit Salz, Kräutern oder Ästen nachziehen.

Hexagramm

Sechs Kerzen können an die Spitzen eines gedachten Hexagramms gestellt werden, das ein nach unten und ein nach oben zeigenden Dreieck vereint. Es ist Ausdruck der Vereinigung von aktiv und passiv, Senden und Empfangen, männlich und weiblich, Feuer und Wasser. Es steht für Glück, Harmonie und Gleichgewicht und die Vereinigung von Gegensätzen. Die Linien kannst du mit Salz, Kräutern oder Ästen nachziehen. **Sieben**, **acht** und **neun** Kerzen kannst du in einem Kreis aufstellen und visualisieren, wie die Kraft der Farben und der Zahlen durch das Feuer in der Mitte fokussiert wird.

Magisches Aufladen der Kerzen

Nachdem du dich für die Form, Farbe und Anzahl der Kerzen für ein Ritual entschieden hast, kannst du sie zusätzlich mit deinen Intentionen aufladen, indem du Namen, Sigillen und Symbole mit einem dünnen, spitzen Werkzeug wie einer Nadel oder einem Zahnstocher hineinritzt. Wie viele Symbole du benutzt, hängt davon ab, was du als kraftvoller empfindest: weniger oder mehr. Vielleicht bist du eher minimalistisch veranlagt. Dann versieh eine Kerze mit nur jeweils einem Namen oder Zeichen. Oder aber es kann für dich nicht genug sein, dann halte dich mit der Verzierung nicht zurück.

Als Nächstes kannst du die Kerzen mit der Kraft der Kräuter verbinden, die du ebenfalls deiner Intention entsprechend auswählst. Du kannst ein einziges Kraut oder eine Kräutermischung verwenden. Die Kräuter sollten vollständig getrocknet und klein geschnitten oder gehobelt sein.

Bereite eine leere Fläche als Arbeitsplatz vor. Häufe die Kräuter auf ein Blatt Papier. Jetzt kannst du die Kerzen mit Haushaltsöl, z. B. Oliven- oder Sonnenblumenöl, einreiben und sie dann durch die getrockneten Kräuter rollen, sodass diese an der Kerze haften bleiben. Damit noch mehr von den Kräutern stärker an der Kerze haften, kannst du das Wachs in der Flamme einer zweiten entzündeten Kerze von oben bis unten anschmelzen und dann die Kräuter hineindrücken. Wiederhole den Vorgang, bis die gesamte Kerze bedeckt ist. In diesem Fall solltest du die Zeichen oder Sigillen im Nachhinein einritzen.

Mit beiden Methoden kommt es dazu, dass sich die Kräuter beim Abbrennen der Kerze entzünden und größere Flammen bilden. Die Kerze brennt so recht schnell ab und stellt eine Brandgefahr dar – insbesondere, wenn größere glühende Pflanzenteile abfallen. Du solltest die Kerzen also immer auf einer feuerfesten Unterlage befestigen und beim Abbrennen ständig anwesend sein.

MAGISCHER TIPP
✦ AUSPUSTEN ODER ERSTICKEN? ✦

Das Auspusten einer Kerze ist im Unbewussten stark mit dem endgülti-
gen Abschicken eines Wunsches verbunden. Ist ein Zauber noch nicht
abgeschlossen, da die Kerzen noch nicht vollkommen herabgebrannt
sind, solltest du die Kerzen jedes Mal ersticken und nicht auspusten, bevor du sie am nächsten Tag wieder entfachst. Du solltest die Kerzen also
immer auf einer feuerfesten Unterlage befestigen und beim Abbrennen
ständig anwesend sein. Das gilt auch für alle anderen Kerzenzauber.
Insbesondere im Sommer ist die Brandgefahr erhöht, führt man einen
Zauber in der Natur durch, da Boden und Pflanzen ausgetrocknet sein
können. Achte verstärkt darauf, dass keine glühenden Teile herabfallen.
Halte Wasser und evtl. eine Decke bereit.

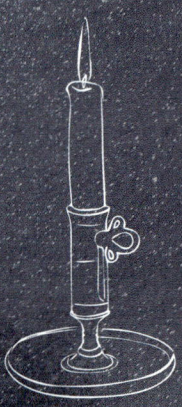

KRÄUTERMAGIE

Du hast bis jetzt unterschiedliche Möglichkeiten des Einsatzes von Kräutern kennengelernt. Wie alles in dieser Welt besitzen auch Pflanzen Körper und Geist. Du kannst ausschließlich ihren **Körper**, also ihre Inhaltsstoffe, verwenden, z. B. indem du als Vorbereitung auf die Schattenarbeit beruhigende Tees aus Baldrian, Passionsblume, Lavendel etc. trinkst. Von diesen chemischen Eigenschaften leiten sich oft ihre geistigen Eigenschaften ab. So werden die desinfizierenden Wirkstoffe von Salbei und Rosmarin als Räucherung auch zur geistigen »Desinfektion«, also zur Reinigung und zum Schutz der Umgebung, genutzt. Scharfen Gewürzen wie Chili, Pfeffer, Ingwer werden aufgrund ihrer chemischen Eigenschaften viel aktive, »heiße« Energie zugeschrieben. Hier befinden wir uns im Übergang zum Unbewussten, denn ihre magische Wirkkraft wird von den **Assoziationen** mit ihrer physischen Wirkung abgeleitet. Viele Pflanzen besitzen zusätzlich eine symbolische Bedeutung, die ebenfalls im **Unbewussten** angesiedelt ist. Die rote Rose besitzt keine Liebe erzeugenden Wirkstoffe. Ihre Bedeutung ist rein symbolischer Natur, weswegen sie gerne in Liebeszaubern eingesetzt wird. Auf der Ebene des **Verstandes** ist das Bewusstsein der Kräuter angesiedelt. Hier kannst du Kontakt zum Geist, zur Persönlichkeit der Pflanze aufnehmen, sie um Erlaubnis bitten, etwas von ihr nutzen zu dürfen, sie um Rat fragen etc. Und so wie auch du ein höheres Ich besitzt, das mit dem einen göttlichen Geist verbunden ist, besitzen auch Pflanzen diese Art der Verbindung. Was die höhere **Berufung** eines Krauts ist, ist jedoch nicht Angelegenheit des Menschen.

Im Idealfall entspricht das Kraut, das in einem Zauber einsetzen möchtest, auf mehreren körperlichen und geistigen Ebenen deiner Intention. Außerdem besitzen Kräuter – so wie alle Wesen – komplexe und unterschiedliche magische Wirkungsanteile, die ihre chemische Zusammensetzung widerspiegeln. Daher können sich ihre Einsatzgebiete in der Hexerei mit denen anderer Kräuter überschneiden.

Möchtest du noch tiefer in die sogenannte **grüne Magie** eintauchen, beginne, dich über die Pflanzen, mit denen du magisch arbeiten möchtest, zu informieren.

Die wichtigsten Hexenkräuter

Über Jahrhunderte des magischen Einsatzes von Kräutern haben sich folgende grobe Entsprechungen durch die mit ihnen gesammelten Erfahrungen von Hexen herausgebildet:

Auflösung & Bannung von negativen Energien
Eisenkraut, Johanniskraut, Knoblauch, schwarzer Pfeffer, Süßholzwurzel

Energie & Erfolg
Chili, Drachenblut, Kaffee, Lorbeer, Ingwer, Zimt

Erdung
Gewürznelke, Sandelholz, Tanne, Zeder

Frieden & Harmonie
Fenchel, Kamille, Minze, Lavendel, Zitronenmelisse

Geld & Überfluss
Basilikum, Geißblatt, Löwenzahn, Muskatnuss, Rosskastanie, Sesam, Zitrone

Glück & Segen
Irisch Moos, Klee, Mandel, Orange, Sternanis, Walnuss

Hellsichtigkeit & Intuition
Beifuß, Kampfer, Passionsblume, Schafgarbe

Liebe & Leidenschaft
Apfel, Dill, Ingwer, Jasmin, Kardamom, Katzenminze, Rose, Zimt

Reinigung & Schutz
Eukalyptus, Rosmarin, Salbei, Thymian, Wacholder, Weihrauch

Verbindung zum Einen
Angelikawurzel, Myrrhe, Weihrauch

Magische Rezepte

Im Abschnitt zum magischen Element Luft hast du schon gelernt, wie man richtig räuchert und so nicht nur die chemische, sondern auch die geistige Essenz eines Krauts im Raum verteilen kann. Es gibt jedoch viele weitere magische Verarbeitungsmöglichkeiten. Hier findest du einige Beispiele.

Potpourri für eine angenehme Atmosphäre

Sammle und trockne Lavendel, Rosmarin und Zitronenschalen für Frieden, Schutz und gute Laune in deiner Wohnung. Fülle die Kräuter in eine Schale oder deinen Hexenkessel und entzünde zu beiden Seiten weiße Kerzen. Dann vermische die Kräuter mit deinem Zauberstab, deinem Athame oder beiden Händen. Schließe deine Augen und lasse deine Intention visualisiert in die Kräuter fließen. Sprich:

**Bringt Frieden, Schutz und Licht in dieses Heim,
verbindet euch zum Guten, so soll es sein.**

Platziere die Schale im Eingangsbereich. Zur Verstärkung kannst du einen Bergkristall hineingeben.

Kleidung eignet sich hervorragend, um sie mit einem Zauber aufzuladen. Auf diese Weise kann man Magie wortwörtlich anziehen und sich so gezielt im Alltag mit einer Intention verbinden. Du kannst deine Kleidung verzaubern, indem du magische Duftsäckchen anfertigst und sie in deinen Kleiderschrank hängst. Durch den Duft, den sie aufnehmen, nehmen sie die Magie auf.

Duftsäckchen für mehr Selbstbewusstsein

Für ein Duftsäckchen für mehr Selbstbewusstsein sammle und trockne Orangenschalen, Ingwer und Thymian. Gib sie auf ein rundes, dünnes Stück Stoff mit ca. fünfzehn Zentimetern Durchmesser. Binde den Stoff und die Kräuter mit einem Band zusammen. Während du das Band dreimal verknotest, sprich:

> **Schenke Selbstbewusstsein und Stärke,**
> **breite aus das Licht deiner Kraft,**
> **in Kräutern und Kleidung wirke,**
> **auf dass es deinen Schein erschafft.**

Visualisiere, wie es anfängt, durch deine Intention aufgeladen zu leuchten.
Hänge es in deinen Kleiderschank.

Um einem Raum eine bestimmte Energie zu verleihen, kann man eine Räucherung benutzen, aber Sprays können das auch und sind dazu noch angenehmer für die Atmung und integrieren die magischen Eigenschaften von Wasser.

Versprühe Liebe und Romantik

Gib eine Handvoll Rosenblätter und fünf bis sechs zerstoßene Kardamomsamen in einen Mörser und zerstoße beides so fein wie möglich zu einer Paste. Vermische die Paste mit einen halben Liter Vollmondwasser. Fülle das Spray in eine Sprühflasche. Beim Versprühen sprich folgenden Zauberspruch:

Mit Liebe und Sanftheit segne ich diesen Raum,
mit der Kraft der Kräuter,
mit dem Fließen des Wassers,
und mit der Schönheit eines Traums.

Öl besitzt viel Energie, weswegen es in der Magie als Energieträger eingesetzt wird. Es verleiht Zaubern Langlebigkeit und Kraft und kann einfach mit der Essenz von Kräutern verbunden werden, indem man ein Pflanzenöl wie Sonnenblumen- oder Olivenöl mit getrockneten Kräutern oder wenigen Tropfen ätherischem Öl vermischt. Du solltest ätherische Öle nicht pur verwenden, da das Hautreizungen auslösen kann.

ZAUBERTRÄNKE

Zaubertränke stellen eine ganz eigene komplexe Hexenpraktik dar, weil man die Kraft der Kräuter über den eigenen Körper aufnimmt und so in den Geist integriert. Durch die direkte Manifestation ist es eine sehr machtvolle Technik, die mit viel Bedacht ausgeführt werden sollte. Braust du einen Zaubertrank, achte darauf, vorher gründlich Schattenarbeit zu leisten und den Trank nur zu brauen, wenn du dich nicht belastet oder niedergeschlagen fühlst. Auch solltest du sichergehen, dass du die verwendeten Kräuter und Inhaltsstoffe verträgst.

Der Verzehr sollte auf dich selbst beschränkt sein. Möchtest du einer anderen Person helfen, bitte sie vorher um ihr Einverständnis und kläre sie über die Eigenschaften der Zaubertränke auf, bevor du sie ihr zu trinken gibst.

Konzentration der geistigen Energie

Tinkturen sind Kräuterauszüge mit Alkohol. Der Alkohol löst die ätherischen Öle, wodurch es zu einer hohen Konzentration an Inhaltsstoffen kommt. Das wiederum hat eine hohe Konzentration geistiger Energie zur Folge.

Wenn es dir schwerfällt, zur Ruhe zu kommen und dich zu konzentrieren, kannst du folgende Tinktur herstellen und jeden Tag vier bis fünf Tropfen in Wasser gelöst zu dir nehmen.

Tinktur für innere Ruhe

Fertige die Tinktur an einem Schwarzmond an.
Fülle ein Einmachglas zu zwei Dritteln mit frischer Kamille und Zitronenmelisse. Fülle das Glas mit Wodka oder Korn (Schnaps) auf und verschließe es. Bewahre es für vier Wochen an einem dunklen, aber warmen Ort auf und schüttle es mehrmals täglich. Sprich beim Schütteln folgenden Zauberspruch:

Frieden aus den Tiefen der Erde,
Stille ewiger Nacht,
fließt zusammen in diesem Zauber,
und Aufruhr zu Ruhe macht.

Visualisiere, wie der Inhalt anfängt zu leuchten und tiefer Frieden von ihm ausstrahlt. Nach den vier Wochen seihe die Tinktur ab und fülle die Flüssigkeit in ein Fläschchen mit einer Tropföffnung, am besten aus Dunkelglas. Bewahre die fertige Tinktur an einem dunklen und kühlen Ort auf.

Neben Tees und Tinkturen gibt es die Möglichkeit, einen **Kaltauszug** herzustellen. Während für Tees Hitze genutzt wird, um die Wirkstoffkonzentration im Wasser in kurzer Zeit zu erhöhen, werden bei einer Tinktur die lösenden Eigenschaften von Alkohol eingesetzt. Hitze und Alkohol können jedoch die chemische Struktur der Wirkstoffe bis zu einem gewissen Grad beeinträchtigen. Ein Kaltauszug stellt eine sanftere Methode dar, um einen höheren Gehalt der Kräuterwirkstoffe zu erhalten und ihre chemischen Eigenschaften gleichzeitig zu bewahren. Dazu legt man mehrere Bunde Kräuter in kaltes Wasser und lässt es einige Tage abgedeckt ziehen. Ein Kaltauszug eignet sich besonders zum Anfertigen von Kräutersirup.

Süßes Glück

Möchtest du Glück in dein Leben einladen, eignet sich folgender Sirup auf Basis eines Kaltauszugs. Der Zucker, der nötig ist, um einen Sirup herzustellen, bringt »Süße« und Glück. Basilikum und Zitrone stehen ebenfalls für Glück und Positivität. Fertige den Sirup an einem Vollmond an.

Was du dafür brauchst:
- drei bis vier Bunde Basilikum
- ein Kilogramm Zucker
- einen Liter Sonnenwasser

- einen Esslöffel Apfelessig
- einen Topf
- verschließbare, sterilisierte Flaschen

Zerkleinere das Basilikum grob und schneide die Zitronen in Scheiben. Gib beides in den Topf und bedecke alles mit einem Liter kaltem Sonnenwasser. Rühre neunmal darin herum und sprich dabei:

Glück der Kräuter und der Sonne,
in diesem Topf verbreitet eure Wonne,
zu meinem Wohl, so soll es sein,
wirkt in meinem Leben mit eurem Schein.

Visualisiere, wie sich die Energien der Zutaten ausbreiten und verbinden. Lege ein Geschirrtuch über den Topf und lasse alles an einem kühlen und dunklen Ort bis zu drei Tage ziehen. Siebe danach Basilikum und Zitrone ab. Erhitze den Kaltauszug im Topf jetzt bei mittlerer Hitze und rühre den Zucker mit einem Schneebesen langsam ein, bis er sich vollkommen aufgelöst hat. Lasse alles zehn Minuten bei mittlerer Hitze einkochen, während du bei dem Anblick in Trance sinkst. Visualisiere in der Flüssigkeit Glück, das in dein Leben strömt. Stelle dir die Situationen vor, die sich dadurch verändern. Halte deine dominante Hand, deinen Zauberstab oder Athame über den Topf und sprich folgenden Zauberspruch:

Alles Schwere werde leicht,
jeder Stolperstein nun weicht,
der Essenz von süßem Glück,
Sirup, wende mein Geschick.

Visualisiere, wie deine Intention in die Flüssigkeit fließt und sie zum Leuchten bringt. Nimm den Topf vom Herd und rühre einen Esslöffel Apfelessig unter. Fülle den Sirup in die ausgekochten Flaschen. Er ist mehrere Monate haltbar. Verdünne ihn zum Trinken im Verhältnis eins zu zehn.

KRISTALLMAGIE

Die wichtigsten Hexenkristalle

Du hast in den vorherigen Kapiteln unterschiedliche Möglichkeiten des Einsatzes von Kristallen kennengelernt. So wie bei Pflanzen kannst du ausschließlich ihre physische Form, nutzen, indem du sie als Schmuck trägst oder als Dekoration arrangierst. Für die Hexerei relevanter sind jedoch ihre magischen Eigenschaften.

Amethyst

Der Amethyst wird durch seine violette Farbe mit spirituellem Schutz, Intuition und Hellsichtigkeit assoziiert. Er kommt häufig vor, ist einfach zu erwerben und kann in jeder Art von Zauber zur Unterstützung des geistigen Flusses eingesetzt werden.

Bergkristall

Die physikalischen Eigenschaften von Quarz, zu dem Bergkristall gehört, wird dazu eingesetzt, Schwingungen zu verstärken und aufrechtzuerhalten, so z. B. in Uhren. Bergkristall wird daher in der Magie als Schwingungsverstärker eingesetzt. Er kann jede Art von Information – ob positiv oder negativ – intensivieren, weswegen er für jede Art von Zauber eingesetzt werden kann. Seine Durchsichtigkeit steht zusätzlich für Klarheit, Weisheit und übernatürliche Einsichten.

Citrin

Die orange bis goldgelbe Farbe des Citrins wird mit der Sonne, dem Element Feuer und damit dem aktiven, sendenden Prinzip in Verbindung gebracht. Er bringt Energie, die weit hinausstrahlt, erhellt und wärmt. Er wird eingesetzt, um einem Zauber Positivität und Erfolg zu verleihen und um Intentionen durch die aktive Energie zum Wachsen zu bringen.

Labradorit

Der Labradorit kann alle Farben des Regenbogens aufweisen, vornehmlich aber Blau und Grün, weswegen er mit dem Element Wasser und seinen magischen Eigenschaften der Emotionen, des Flusses und der Fruchtbarkeit in Verbindung gebracht wird. Er hilft, sich selbst zu reflektieren, Dinge in Bewegung zu bringen und Überfluss tief im Unbewussten zu verankern.

Moldavit
Der Moldavit ist ein grünes Glas, das vor vielen Jahrmillionen bei einem Meteoriteneinschlag entstanden ist. Wegen seiner Entstehung – der gewaltsamen Transformation von Stein zu Glas – wird dem Moldavit nachgesagt, schnelle und starke Umwälzungen zu bringen. Deswegen sollte er nur mit Bedacht und mit vorhergehender Schattenarbeit eingesetzt werden.

Mondstein
Der echte Mondstein weist durch seine Struktur ein seidiges, silbriges Schimmern in den weißen, beigen und braunen Steinen auf, weswegen er mit dem Mond und seiner empfangenden, weiblichen, fließenden Energie assoziiert wird. Er steht für das passive Prinzip, das Unbewusste und die Essenz der Magie. Er kann in Zaubern eingesetzt werden, die Empfängnis oder Fluss bringen sollen und die die Emotionalität und Spiritualität betreffen.

Moosachat
Der Moosachat ist ein weißliches Mineral mit grünen Einschlüssen, die an Moos erinnern, weswegen er mit Wachstum und Gesundheit assoziiert wird. In Zaubern bringt er ein gesundes Fundament, Fruchtbarkeit und Harmonie.

Obsidian

Obsidian ist ein schwarzes Glas, das bei der schnellen Abkühlung von Lava entsteht. Er wird daher mit dem Element Feuer und seinen Eigenschaften in Verbindung gebracht. In Zusammenhang mit der schwarzen Farbe bringt der Obsidian aktiven Schutz durch eine starke energetische Verteidigung. In anderen Zauberarten stellt er Schutz für die Manifestation des Wunsches frei von negativen Einflüssen bereit.

Pyrit

Pyrit wird auch *Katzengold* genannt. Er formt viele eckige, goldschimmernde Kristalle aus, weswegen er mit Sicherheit, den Finanzen und Geld assoziiert wird. In einen Zauber bringt er Überfluss, Beständigkeit und Zufriedenheit.

Rosenquarz

Mit der hellrosa Farbe wird üblicherweise Liebe und Romantik assoziiert. Das sanfte Pink des Steins wird insbesondere für Selbstliebe und Selbstannahme eingesetzt. Zaubern anderer Art verleiht der Rosenquarz Weichheit, Verständnis und Akzeptanz.

Selenit

Selenit ist ein weiches Gipsmineral, das einen seidigen, silbrigen Schimmer aufweist, seine Eigenschaften und sein Einsatzgebiet überschneiden sich deshalb mit dem Mondstein. Er wird dem Mond und den passiven Energien des Unbewussten zugeordnet. Seine weiche, fast brüchige Struktur wird zur Reinigung von negativen Energien genutzt. Sie bringt Leichtigkeit und Licht in Situationen.

Tigerauge

Durch seine Struktur weist das Tigerauge goldene Schimmerstreifen im dunkelbraunen Stein auf, weswegen er gerne in Geld-, Glück- und Erfolgszaubern zum Einsatz kommt. Seine Erdfarbe macht ihn zusätzlich für alle Arten von Fruchtbarkeitszaubern tauglich. In andere Zauberarten bringt er Sicherheit und ein Glück versprechendes Fundament.

KRISTALL-MEDITATIONEN

Die einfachste Art, um mit Kristallen magisch zu arbeiten, ist, sie auf den Körper aufzulegen oder in den Händen zu halten. Mit einer Visualisierung kann ihre Energie aufgenommen oder in einen Wunsch geleitet werden. Die Art und Form des Kristalles sollte dabei auf die Intention abgestimmt werden. Die folgende Meditation können dementsprechend auch auf andere Situationen angewendet werden.

Fluss der Selbstliebe

Wenn du mit Selbstzweifeln und -verurteilungen zu kämpfen hast, kann dir diese Meditation helfen, mehr Liebe und Annahme für dich zu empfinden. Nimm einen Rosenquarz in jede Hand. Optimal wären Kristallspitzen. Eine Spitze sollte in deiner dominanten Hand von dir weg in Richtung deiner Finger zeigen. Die andere Spitze in deiner nicht dominanten Hand zu dir hin in Richtung deines Handgelenks. Komme mit einer bewussten Atemübung und Körperentspannung zur Ruhe. Jetzt nimm deine Selbstzweifel und die negativen Gefühle dir selbst gegenüber wahr, aber nicht für dich an. Betrachte sie von außen wie Objekte, die du untersuchst, und nicht als Teile deines Wesens.

Beginne jetzt, sie mit jedem Ausatmen durch deinen Körper in deine dominante Hand und den Rosenquarz zu leiten und aus dir hinauszusenden. Behalte diese Visualisierung für zehn Atemzüge bei. Fühle, wie du freier wirst und wie der Rosenquarz diese negativen Emotionen aufweicht und auflöst. Als Nächstes visualisiere, wie die Weichheit und Liebe des Rosenquarzes in deiner nicht dominanten Hand anfängt, in dich hineinzuströmen und den jetzt frei gewordenen Raum füllt. Atme diese Liebe für dich durch den Rosenquarz, durch deine Hand in deinen Körper ein. Erhalte auch diese Visualisierung für zehn Atemzüge aufrecht.

Möchtest du einen Schritt weitergehen, visualisiere beides gleichzeitig, indem du dir einen Kreislauf aus negativen Emotionen vorstellst, die aus dir hinausströmen, durch den Rosenquarz transformiert werden und als Liebe und Annahme zurück in dich hineinströmen.

ENTLADEN & AUFLADEN

Da Kristalle Informationen speichern, sollte man sie regelmäßig entladen und aufladen. Die **Entladung** bzw. Reinigung erfolgt je nach Material durch die unterschiedlichen Elemente. Wasserfeste Kristalle können unter fließendes Wasser gehalten werden, während du visualisierst, wie sie energetisch gereinigt werden. Besitzt du wasserlösliche Kristalle, wie z. B. Selenit und Pyrit, kannst du sie in Erde oder grobes Salz legen, in eine Räucherung halten oder in das Licht einer Kerzenflamme. Recherchiere vorher, für welche Elementen-Entladung sich deine Kristalle eignen.

Zur **Aufladung** eines Kristalls lege ihn entweder in Vollmondlicht oder zur Mittagszeit in Sonnenlicht, um die Energie des Mondes oder der Sonne auf ihn zu übertragen. Zusätzlich können Bergkristalle durch den Kontakt mit einem anderen Kristall helfen, die Energien des jeweiligen Kristalls zu verstärken und ihn so aufzuladen.

Auch hier solltest du recherchieren, ob deine Kristalle UV-Licht vertragen. Amethyst beispielsweise kann durch direkte Sonneneinstrahlung schnell ausbleichen.

KRISTALLWASSER

Mit wasserfesten Kristallen kannst du Kristallwasser anfertigen und es zum Putzen, als Raumspray, zum Gießen von Pflanzen, zum Baden und Reinigen deiner Hexen-Werkzeuge benutzen. Du kannst es zusätzlich als Mond- und Sonnenwasser anfertigen und Kräuter hineingeben.

DEKORIERE FÜR DEINE INTENTIONEN

Platziere Kristalle an wichtigen Orten in deiner Wohnung. Du kannst z. B. Schutzkristalle im Eingangsbereich platzieren, Kristalle für Fruchtbarkeit und Kreativität an deinem Arbeitsplatz, Edelsteine für Selbstliebe und Harmonie im Badezimmer und vor Spiegeln. Auch hier sollte die Form des Kristalls deine Intention widerspiegeln.

Blockaden lösen
Dieser Kristall-Zauber löst Blockaden zwischen zwei Personen in einer bestehenden Beziehung und stärkt ihre Liebe zueinander. Führe ihn an einem Vollmond mit dem Einverständnis der anderen Person aus.

Liebeszauber

Was du dafür brauchst:
- eine Doppelspitze aus Rosenquarz
- zwei Bergkristalle
- jeweils ein Foto von beiden Personen
- zwei rosa Kerzen
- Kräuter für Liebe und Romantik, z. B. Apfel, Dill, Ingwer, Jasmin, Kardamom, Rose, Zimt
- Räucherung mit Kräutern für Liebe und Romantik
- ggf. Zauberstab oder Athame

Präpariere die Kerzen, wenn gewünscht, mit Liebes-Kräutern. Dann stelle sie etwa einen halben Meter voneinander entfernt auf. Lege die beiden Fotos so zwischen die Kerzen, dass quer zwischen sie die Doppelspitze aus Rosenquarz passt. Auf die Fotos lege die Bergkristalle. Entzünde die Kerzen und die Räucherung. Dann komme zur Ruhe. Konzentriere dich auf deine Intention, die Blockaden in der Beziehung zu lösen und sie wieder mit Liebe und Romantik zu füllen.

Berühre den Rosenquarz mit deiner dominanten Hand, deinem Zauberstab oder Athame und sprich folgenden Zauberspruch:

Aus dem Tal gehen wir aufwärts
aus der Dunkelheit ins Licht,
Offenheit fülle das Herz.
Jedes Hindernis zerbricht.

Visualisiere, wie der Rosenquarz anfängt zu leuchten und von ihm Strahlen in beide Richtungen ausgehen. Sieh vor dir, wie sie auf die Bergkristalle treffen, die die Energie verstärken und in die Fotos leiten. Spüre, wie die Blockaden und negativen Emotionen aufgenommen und in die Kerzenflammen gedrängt werden, wo sie verbrennen und sich transformieren. Halte die Visualisierungen eine Zeit lang aufrecht, bis du das Gefühl hast, sie reichen aus. Dann komme erneut zur Ruhe. Fühle eure Liebe in deinem Herzen. Richte deinen dominanten Zeigefinger, dein Athame oder deinen Zauberstab erneut auf den Rosenquarz.

Sprich:

Sanftheit und Wärme strömet in uns hinein,
segnet uns mit eurem Liebesfluss, so soll es sein.

Fühle, wie die Liebe und Romantik des Rosenquarzes in beide Fotos fließt und sie verbindet. Sieh vor dir, wie das Licht der Kerzenflammen in die Bergkristalle fließt, von ihnen verstärkt wird und die Verbindung zusätzlich intensiviert.
Erhalte die Energie eine Weile aufrecht. Sprich zum Abschluss: »So sei es!«.
Behalte den Aufbau so bei und entzünde die Kerzen immer wieder über die nächsten Tage, bis sie vollkommen abgebrannt sind.

Fruchtbarkeit für deine Vorhaben

Was du dafür brauchst:

- ein Kristall-Ei aus Fluorit
- drei grüne Kerzen
- Kräuter für Fruchtbarkeit und Wachstum, z.B. Apfel, Dill, Löwenzahn
- Hexenkessel
- Erde
- drei deiner Haare
- ggf. Zauberstab oder Athame

Präpariere die Kerzen mit den Kräutern für Fruchtbarkeit, dann stelle sie in einem Dreieck auf. Platziere den Hexenkessel in ihrer Mitte. Lege drei deiner Haare als Symbol für deinen Kopf und deine Gedanken in den Kessel und fülle ihn zur Hälfte mit Erde. Jetzt entzünde die Kerzen und komme bei ihrem Anblick zur Ruhe. Konzentriere dich auf deine Intention und nimm das Ei in beide Hände.
Sprich folgenden Zauberspruch:

Meine Pläne, sie wachsen,
sie streben empor,
nähre sie mit Energie,
bring Erfolg hervor.

Visualisiere, wie deine Intention in das Ei fließt und es anfängt zu leuchten. Stecke es bis zur Hälfte in die Erde in der Schale oder dem Hexenkessel. Benutze deinen dominanten Zeigefinger, den Zauberstab oder das Athame, um über den Kerzen ein Dreieck zu ziehen. Sprich:

Fruchtbarkeit erblühe in diesem Zeichen,
so sage ich es, ich stelle die Weichen.

Visualisiere, wie die Strahlen der Kerzen in den Kessel fließen und deine Intention zusätzlich zum Wachsen bringen. Sprich zum Abschluss: »So sei es!«. Entzünde die Kerzen über die nächsten Tage, bis sie ganz abgebrannt sind.

Über deine Verbindung zum höheren Ich hast du schon gelesen. Möchtest du eine bestimmte Intention mit deiner Berufung, mit deinem höheren Ich in Einklang bringen, führe diesen Zauber, nachdem du Schattenarbeit geleistet hast, an einem Neumond durch.

ZURÜCK ZUR URKRAFT

Die letzte Kerze ist erloschen. Der Duft verräucherter Kräuter hat sich verzogen und das künstliche Licht deiner Zimmerlampe holt dich allmählich zurück aus der mondstrahlengetränkten Welt der Magie in die Welt deines Alltags. Alles wirkt wieder ein wenig normaler, ein wenig glanzloser, während du den Ritualaufbau auflöst, deine Utensilien reinigst und die Hexen-Werkzeuge zurück an ihren Platz räumst.

»War es das nun? War vielleicht alles nur Einbildung?«, magst du dich fragen. Doch sei dir gewiss, dass dein Zauber schon in diesem Augenblick einen Unterschied macht. Er hat die Welt des Geistes umgeschrieben. Die Welt der Materie wird folgen. Du kannst dich nun entspannen und den Zauber in der dunklen Welt des Unbewussten reifen und wachsen lassen, bis es für ihn an der Zeit ist, die Oberfläche zu durchbrechen und seine volle Wirkung zu entfalten. Das kann so lange dauern, bis du vergessen hast, dass du den Zauber überhaupt durchgeführt hast. Erst dann sinkt er vollständig aus der Ebene des Verstandes in die Unterwelt der Gefühle, wo er Wurzeln schlagen kann.

Bis dahin suche die Magie in deinem Alltag. Sie ist nicht nur in den detailliert geplanten und ausgeführten Ritualen zu finden. Nein, sie ist überall – in den ersten Strahlen der aufgehenden Sonne, in dem Duft von frischer Erde, im Wind, im Wasser und in jedem Atemzug. Öffne deine Augen und lade die Magie in dein Leben ein. Verzaubere deine Welt, indem du gute Wünsche in deinen Morgenkaffee sprichst, den Segen des Wassers beim Duschen in dich aufnimmst und Liebe durch Taten und

Worte in das Leben anderer Menschen und Wesen fließen lässt. Denn Liebe ist der wahre Kern des alten Weges der Hexen. Nur durch Liebe wird Verbindung und Einheit möglich. Diese Liebe beginnt in dir und führt zu dir selbst. Es ist die Vereinigung mit deinem göttlichen Kern, aus dem heraus du deine Welt formst. Jede Meditation, jede Visualisierung, jeder Zauber nimmt hier seinen Anfang, spinnt und webt sich in ein Netz aus Energie, das von jedem Punkt aus bewegt und in Schwingung versetzt werden kann – weil alles eins ist. Dein höheres Ich ist Teil des göttlichen Willens. Dein Verstand ist Teil des Bewusstseins des Kosmos. Dein Unbewusstes ist Teil des Unbewussten der ganzen Welt, so wie auch dein Körper Teil aller existierenden Materie ist. Du bist Abbild des einen Lebensbaums. Deswegen sollte Hexerei, wenn möglich, als ganzheitlicher Weg praktiziert werden. Sie bietet so viel mehr als reine Wunscherfüllung. Sie ist der Weg zurück zu dir. Sie heilt dich auf allen Ebenen. Sie macht dich ganz und führt dich zurück zur Einheit mit allem, was ist. Suche diese Einheit in dir, suche die Liebe und du wirst den Schlüssel zu deiner Macht finden – zur Urkraft der Erschaffung der Welt.

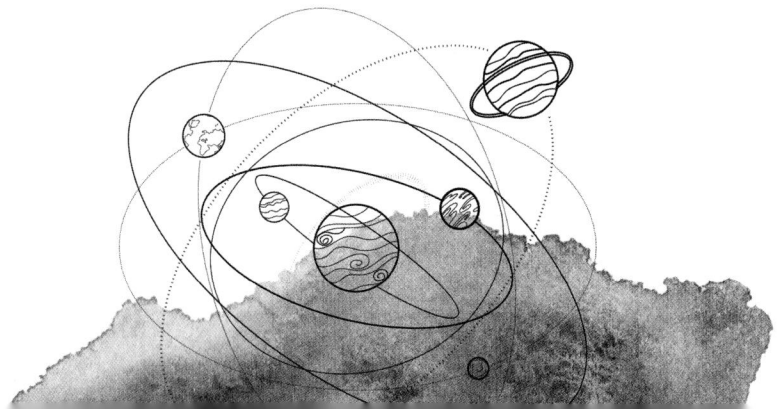

ÜBER DIE AUTORIN

Sonia K. Woods, 1988 in Deutschland geboren, besitzt einen Abschluss in Kunstgeschichte und Englischer Sprache und Literatur. Schon früh begann sie sich mit Okkultismus und dem modernen Hexentum auseinanderzusetzen wie auch mit den kultischen Praktiken ihrer brasilianischen Vorfahren. Seit über zwanzig Jahren sammelt sie nicht nur magisches Wissen, sondern auch eigene praktische Erfahrungen in Geistreisen, Energiearbeit, Kräuter- und Kristallkunde und Astrologie, die sie über einen der größten deutschen Instagram-Accounts @geistundmagie zum Thema Hexentum teilt. Mehr Informationen zur Autorin finden Sie auf www.geistundmagie.com.

IMPRESSUM

© 2022 GRÄFE UND UNZER VER-
LAG GmbH, Postfach 860366,
81630 München

unum

unum ist eine eingetragene
Marke der GRÄFE UND
UNZER VERLAG GmbH,
www.gu.de

ISBN 978-3-8338-8320-0
2. Auflage 2023

Projektleitung: Clea von Ammon
Lektorat: Anja Grevener
Bildredaktion: Simone Hoffmann;
Petra Ender
Umschlaggestaltung und Layout:
ki36, Editorial Design, München,
Bettina Stickel
Herstellung: Linda Wiederrecht
Satz: Uhl + Massopust GmbH,
Aalen
Reproduktion: Longo AG, Bozen
Druck und Bindung: Firmen-
gruppe APPL, aprinta druck,
Wemding
Printed in Germany

Umwelthinweis:
Nachhaltigkeit ist uns sehr wichtig. Der Rohstoff Papier ist in der
Buchproduktion hierfür von ent-
scheidender Bedeutung. Daher ist
dieses Buch auf PEFC-zertifizier-
tem Papier gedruckt. PEFC garan-
tiert, dass ökologische, soziale
und ökonomische Aspekte in der
Verarbeitungskette unabhängig
überwacht werden und lückenlos
nachvollziehbar sind.

Bildnachweis:
Cover: Slava Abramovitch/
Unsplash (Foto), Creative Market
(Illustrationen)

Illustrationen: Nadia Gasmi unter
Verwendungen folgender Vektor-
grafiken:
Adobe Stock: S. 2, 4, 13, 17, 21,
32, 36, 38, 40, 49, 52, 53, 73, 82,
87, 95, 103, 121, 133, 140, 149,
157, 164, 190, 192, 195, 198, 199,
201; Creative Market: S. 2, 3, 6, 9,
26, 27, 32, 49, 50, 52, 56, 60, 62,
71, 80, 82, 84, 98, 103, 106, 122,
135, 152, 156, 157, 165, 170, 176,
183, 198, 201, 205, 209,
222; Nadia Gasmi: S. 23, 49, 58,
80, 93, 113, 124, 126, 130, 139,
145, 152, 178, 186, 191; Shutter-
stock: S. 2, 47;

Autorenfoto: Sonia Kowalewski

Syndication:
www.seasons.agency

Wichtiger Hinweis

Die Gedanken, Methoden und
Anregungen in diesem Buch stellen die Meinung bzw. Erfahrung
des Verfassers dar. Sie wurden
vom Autor nach bestem Wissen
erstellt und mit größtmöglicher
Sorgfalt geprüft. Sie bieten jedoch
keinen Ersatz für persönlichen
kompetenten theratpeutischen
Rat. Jede Leserin, jeder Leser ist
für das eigene Tun und Lassen
auch weiterhin selbst verantwortlich. Weder Autor noch Verlag
können für eventuelle Nachteile
oder Schäden, die aus den im
Buch gegebenen praktischen Hin-
weisen resultieren, eine Haftung
übernehmen.

Die unum-Homepage finden Sie
unter: www.unum-verlag.de

**LIEBE LESERINNEN
UND LESER,**

wir wollen Ihnen mit diesem
Buch Informationen und Anregungen geben, um Ihnen
das Leben zu erleichtern
oder Sie zu inspirieren, Neues
auszuprobieren. Wir achten
bei der Erstellung unserer
Bücher auf Aktualität und
stellen höchste Ansprüche
an Inhalt und Gestaltung.
Alle Anleitungen, Übungen
oder Rezepte werden von
unseren Autoren, jeweils
Experten auf ihren Gebieten,
gewissenhaft erstellt und
von unseren Redakteur*in-
nen mit größter Sorgfalt
ausgewählt und geprüft.

Haben wir Ihre Erwartun-
gen erfüllt? Sind Sie mit
diesem Buch und seinen Inhalten zufrieden? Wir freuen
uns auf Ihre Rückmeldung.
Und wir freuen uns, wenn Sie
diesen Titel weiterempfeh-
len, in Ihrem Freundeskreis
oder bei Ihrem Online-Kauf.

Sollten wir Ihre Erwartun-
gen so gar nicht erfüllt
haben, tauschen wir Ihnen
Ihr Buch jederzeit gegen ein
gleichwertiges zum gleichen
oder ähnlichen Thema um.

**KONTAKT ZUM
LESERSERVICE**

GRÄFE UND UNZER VERLAG
Grillparzerstraße 12
81675 München
www.gu.de

Ein Unternehmen der
GANSKE VERLAGSGRUPPE